# CONFUSION DES ÉTOILES

# ALDA MERINI

# CONFUSION DES ÉTOILES

## ÉDITION BILINGUE

Traduit de l'italien
par Alessandra Domenici et Gabriel Dufay

Préface de Gabriel Dufay

ÉDITIONS
SEGHERS

LES TEXTES D'ALDA MERINI QUI FIGURENT DANS CE LIVRE SONT CONSERVÊS
DANS LE FONDS ORESTE MACRÌ AUX ARCHIVES CONTEMPORAINES « A. BONSANTI »
DU CABINET SCIENTIFIQUE ET LITTÊRAIRE G. P. VIEUSSEUX À FLORENCE.

WWW.EINAUDI.IT


© 2019 GIULIO EINAUDI EDITORE S.P.A., TORINO

TRADUCTION FRANÇAISE : © ÊDITIONS SEGHERS
92, AVENUE DE FRANCE, PARIS
INFO@LISEZ.COM

DÊPÔT LÊGAL : FÊVRIER 2025
ISBN : 978-2-232-14811-8
(ÊD. ORIGINALE : ISBN 978-88-06-24251-0, EINAUDI EDITORE, TURIN, ITALIE)

# Les épiphanies d'Alda Merini
Préface de Gabriel Dufay

*Et de cette confusion des étoiles*
*naît le mot amour*

Quand j'ai découvert Alda Merini, mon sang n'a fait qu'un tour. Il est rare de connaître de tels chocs poétiques. Ce fut d'abord par le biais de ses aphorismes à la lucidité acérée. Puis ce fut par son texte *L'Autre Vérité. Journal d'une étrangère*[1], qui commence par cette phrase décisive et saisissante : « Quand on m'interna pour la première fois, j'étais encore une enfant, ou presque. » Ce texte d'une haute intensité, d'une haute sincérité, raconte son expérience dans les hôpitaux psychiatriques et sa relation avec ce qui est appelé communément « folie », car, écrit-elle avec lucidité : « La folie, mes amis, n'existe pas. Elle n'existe que dans les reflets oniriques du sommeil et dans cette peur panique que nous avons tous, profondément enracinée en nous, de perdre la raison[2]. »
Une *étrangère*, c'est donc ainsi qu'Alda Merini se définissait dans ce monde, dans une société normée poursuivant les inadaptés, en un siècle de catastrophes où se sont succédé les guerres et les atrocités. La poétesse italienne le sait : face au langage anémié et institutionnalisé, la force de la parole poétique est salutaire. Ainsi écrit-elle : « Il y a des forêts qui mettent le feu aux mots ».

Après avoir lu ce *Journal*, j'ai découvert ses poèmes grâce à Alessandra Domenici et ai été frappé par leur extrême musicalité, leur souffle puissant, leur grande justesse. Quand des phrases s'impriment dans la rétine puis dans la mémoire, j'irais même jusqu'à dire dans le corps, c'est le signe, pour moi, qu'on est face à de la grande poésie. Certains vers m'ont littéralement poursuivi, tant ils semblent écrits à l'encre de feu, reflétant l'inquiétude d'une femme habitée par l'abîme mais aussi par la joie d'une langue qui la possède tout entière, d'une parole qui la porte au-delà même de la réalité. Il en va ainsi de vers comme celui-ci : « La chose la plus superbe est la nuit / quand tombent les dernières peurs / et que l'âme se lance à l'aventure[3] », ou encore « Je fus Alda Merini mais je ne sais que vous dire / sinon que trois éléments jouèrent / dans ma parole comme dans l'univers : / l'air, le feu et la terre[4] ». L'air, le feu et la terre : trois éléments à l'origine d'une poésie de haute altitude, dans laquelle la parole a une vocation salvatrice, les poèmes apparaissant comme des antidotes à la violence du monde, à la corruption du langage et aux aliénations en tout genre. C'est pourquoi il me semble si urgent de lire aujourd'hui Alda Merini, à une époque où *le prêt-à-penser* est devenu d'usage et où nous souffrons du *trop de réalité*[5].

La poétesse milanaise demeure largement méconnue en France alors qu'elle bénéficie d'une véritable reconnaissance en Italie et qu'elle est même considérée comme une des plus grandes, si ce n'est la plus grande poétesse italienne du XX$^e$ siècle. Qu'elle soit née femme et qu'elle ait vécu dans une certaine misère, loin de l'aristocratie culturelle, peut en partie l'expliquer. Les poètes, souvent, ne sont pas reconnus tout de suite à leur juste mesure, car ils s'apparentent à des ennemis de la société, des « suicidés de la société » pour reprendre le mot d'Artaud à propos de Van Gogh. Il est grand temps de réparer cette injustice, d'autant que cette œuvre est aussi dédiée aux femmes, témoignant de ce qu'elles ont enduré dans des sociétés extrêmement corsetées et patriarcales, auscultant leur misère, leurs souffrances, mais aussi leur part de dignité et de sainteté (« toutes les femmes sont des adoratrices[6] », écrit-elle au détour d'un poème). Mais ne nous y méprenons pas, il ne s'agit pas pour autant d'une œuvre victimaire, il y a quelque chose d'héroïque et d'érotique, de sensuel, dans le geste d'Alda Merini. Viscéralement subversive, elle n'écrit pas pour délivrer un message quelconque mais pour donner corps au mystère d'être en vie. Elle place la poésie plus haut que tout, embrassant ses souffrances pour en faire une œuvre, un feu sacré. Telle une Iphigénie ou une Antigone des temps modernes. Et pourtant, c'est sans doute à Athéna – figure à qui elle consacre un poème – qu'il faudrait la comparer. Déesse de la guerre, de la sagesse, de la pensée, des Armes, mais aussi patronne des artisans et des artistes.

Avec Alda Merini, « née avec le printemps », on a trouvé le chaînon manquant entre Simone Weil, Antonin Artaud et Brigitte Fontaine. La philosophe mystique de *La Pesanteur et la Grâce*, le poète forcené de *Pour en finir avec le jugement de Dieu* et la chanteuse druidesse excentrique de *Folie furieuse*. Alda Merini est une poétesse qui ne pense jamais comme tout le monde, elle ne dit ni n'écrit jamais rien de convenu ; elle ne craint pas de plonger dans les ténèbres pour nous rapporter de singulières révélations. Seule importe pour elle la raison poétique et sa soi-disant « folie » qu'elle protège comme un trésor inestimable. Sa vie tout entière se confond avec la poésie, puisqu'on retrouve au fil de ses textes les êtres qu'elle a connus – dans les hôpitaux, dans la littérature, ou tout simplement dans la rue.

Résolument du côté des opprimés, elle est aussi un personnage lié profondément à la ville de Milan, au quartier des Navigli – dont on retrouve bien des personnages dans les poèmes de *Confusion des étoiles* – mais aussi de Tarente, où elle a vécu. Issue d'un milieu modeste – son père travaillait dans les assurances, sa mère était femme au foyer –, elle a toute sa vie maintenu le lien avec les miséreux, allant même jusqu'à secourir et héberger les clochards. Alda Merini est populaire, ce qui n'est pas un gros mot. Sa poésie appartient à tout le monde, elle est comme l'air qu'on respire. Son œuvre exalte celles et ceux qui sont exclus de la société, elle constitue en quelque sorte un abri pour les égarés. Ce qui me fait dire qu'elle est d'utilité publique et qu'il est salutaire de découvrir ces poèmes, qui ressemblent à des prières, à des cantiques d'amour ou à des secrètes épiphanies (ainsi s'explique « la grâce céleste d'un poème » dans « Une incroyable compensation[7] »).

Éclairons aussi les lecteurs français sur la figure de Michele Pierri, dont il sera beaucoup question dans ce recueil. Médecin et poète, il fut le dernier grand amour d'Alda Merini – un amour qualifié de *péninsulaire*. Il commence par publier dans les mêmes maisons d'édition italiennes qu'elle et a fréquenté les mêmes cercles intellectuels (que ce soient Giacinto Spagnoletti ou Oreste Macrì, correspondant et ami d'Alda Merini). Leur rencontre est tardive (dans les années 1980) et d'abord épistolaire (comme en témoignent les lettres présentes dans ce recueil) et téléphonique. Durant près de trois ans, ils se parlent d'amour, de poésie, s'envoient des poèmes et nouent une forte amitié, pleine d'estime et d'affection. Alda Merini est confrontée, dans ces mêmes années, à une période de solitude et de douleur intense. Vivant dans la misère, elle sous-loue pendant quelque temps une chambre à un peintre et le 7 juillet 1983, après une longue maladie, son mari, Ettore Carniti, décède. Peu après, elle se rend à Tarente pour s'installer chez Michele Pierri.

Et le 6 octobre 1984, Alda Merini, cinquante-trois ans, et Michele Pierri, quatre-vingt-cinq ans, se marient. Plus de trente ans les séparent, ce qui a pu faire jaser, mais leur union, entrée dans la légende poétique, dépasse toutes les rumeurs qui ont pu déferler au-dessus de leurs têtes. Ainsi, la poétesse définit leur relation comme « un amour d'une valeur paranormale » qui relança aussi son inspiration – beaucoup de ses poèmes sont ainsi dédiés à Pierri et à sa famille. La cohabitation ne fut pas pour autant si simple – comme elle en témoigne dans ses écrits –, Merini se retrouvant dans une famille et une ville étrangères. N'est-ce pas toujours elle qui continue d'être une étrangère, de façon presque existentielle ?

Les problèmes de santé de Pierri et les sautes d'humeur de Merini ont jeté quelques ombres sur ces années fécondes : elle ira à Milan pour une courte période et sera admise au service psychiatrique de l'hôpital de Tarente, avant de retourner se battre seule avec ce qu'on a qualifié de « trouble bipolaire ». Le retour à la vie milanaise a été pour Merini très difficile, comme en atteste une lettre, datant de 1987, dans laquelle elle écrit à Oreste Macrì, référence épistolaire constante de cette période : « Je meurs de faim et de misère à Milan et il est à la merci des autres ». Michele Pierri mourra peu de temps après, le 24 janvier 1988.

Alda Merini termina sa vie dans des conditions d'indigence, et ce furent ses lecteurs et ses concitoyens qui vinrent à son secours en alertant les pouvoirs publics et les services sociaux –, ce qui en dit long sur sa place dans le cœur de l'Italie et des Italiens. Et pourtant, elle continua d'écrire jusqu'à la fin, au détriment de sa santé. Car elle n'avait pas le choix, elle devait écrire : sa vie fut dans la poésie, comme sa poésie fut dans la vie. Mais la poétesse n'a pas pour autant été ignorée de son vivant et ceci constitue en soi une forme de victoire, de miracle. Car elle a tout de même été adoubée par Eugenio Montale, Salvatore Quasimodo et Pier Paolo Pasolini, et son œuvre a été plébiscitée par les plus grandes maisons d'édition italiennes, telles Scheiwiller, La Vita Felice ou Einaudi.

L'amour – le thème comme le mot – tient une grande place dans sa vie comme dans ses écrits, nombre de ses poèmes étant dédiés aux malades qu'elle a connus dans les hôpitaux (Titano, Pierre, Aldo…), aux femmes et aux hommes qui ont partagé son existence

(Giorgio Manganelli, Cleo, Ettore Carniti, Oreste Macrì, Michele Pierri...) ou qu'elle a tenus entre ses bras et qui sont comme des îles sur lesquelles elle aima se réfugier. L'amour d'Alda, qui est *péninsulaire*, a partie liée avec la quête d'absolu. C'est comme si elle portait en elle un trop-plein d'amour et qu'il lui avait fallu le déverser quelque part, le préserver, avant d'être noyée, submergée par ce qu'elle ressentait. Chaque recueil de la poétesse se donne ainsi à lire comme un bréviaire d'amour et d'extases, adressé à tous ses fantômes. « Une telle dentelle d'amour[8] », écrit-elle dans un poème sans doute esquissé. C'est cette dentelle qui se laisse lire dans *Confusion des étoiles*.

N'oublions pas aussi l'humour qui déferle au fil de ces poèmes, constitués de vers courts et de traits d'esprit acérés. L'humour comme une arme, témoignant d'une certaine légèreté, d'une forme de *sprezzatura*. Une ironie, cinglante et vivifiante, une fougue pleine d'agilité dans le verbe, qui nous rappelle nos jeux d'enfant. Des aphorismes comme « Personne / ne me coiffe mieux / que le vent[9] », « Le pistolet / pointé sur ma tempe / s'appelle Poésie[10] » ou « Pour qu'on vous sauve / la vie / il faut en avoir une[11] » témoignent bien de cet esprit, de cette autodérision lucide qui est encore une manière de se protéger de la violence du réel.

Quid de la folie, pierre angulaire de son œuvre ? La folie est ici à la fois un fardeau, un sacerdoce et un trésor d'où Alda Merini tire le miel de ses épiphanies, comme dans le recueil de poèmes qui fit sa renommée, *La Terra Santa*[12]. La folie lui servit de terrain de jeux et de source pour nourrir cette poésie faite de visions et de prophéties fulgurantes. « La folie est l'une des choses les plus sacrées qui existent sur terre[13] », écrit-elle. « C'est un parcours de douleur purificateur, une souffrance comme quintessence de la logique. » Au détour d'un poème de *Confusion des étoiles*, il nous est d'ailleurs révélé un secret, une clef pour comprendre son geste d'écriture : « La maladie mentale est l'âme de la parole.[14] » Parole poétique et folie ont donc ici partie liée.

Et pourtant, « Alda Merini est fatiguée de répéter qu'elle est folle[15] ». Ces mots me rappellent ces paroles d'une chanson de Brigitte Fontaine : « Oh ma folie, mon beau cancer / Recouvre moi de fleurs de fer / De l'atelier de Lucifer / J'en ai assez des infirmières / De cette fondation Curie / Qui est le monde d'aujourd'hui[16] » Alda Merini, comme Brigitte Fontaine, ont maille à partir avec la prison à ciel ouvert qu'est devenu le monde, c'est pourquoi elles mettent l'écriture et la poésie plus haut que tout. Ce sont des barrages qui permettent de tenir, des armes pour lutter face aux oppressions, aux dogmes et aux injustices.

En ce sens, Alda Merini n'a jamais renoncé à l'enfant qu'elle était, elle possède *une âme indocile* : obstinément, elle a refusé d'obéir aux règles absurdes du monde adulte. On a pu juger certains de ses actes comme immoraux ou indécents (elle qui dût abandonner ses enfants à cause de sa maladie, elle qui privilégia sa folie et sa poésie aux attentes de ses proches), mais on peut aussi voir cette vie et cette œuvre – les deux étant intensément liées – comme un sacrifice pour ses frères humains et ses sœurs humaines, afin de leur donner l'oxygène et la force de résistance nécessaires à l'existence. Poétesse de l'ombre – tous ses textes sont rassemblés dans un volume intitulé *Il suono dell'ombra* (Mondadori, 2010) –, Alda Merini fait appel aux dieux et à « l'esprit d'enfance » pour exorciser les démons, pour donner corps au poème et faire renaître la parole, enfin lavée de tout ce qui la salit. Elle nous réapprend le sens d'un mot très ancien, qui refleurit sous sa plume : la grâce.

## Traduire Merini

Pour une raison qui nous échappe encore, la poésie d'Alda Merini n'a pas véritablement franchi les frontières franco-italiennes : une partie de son œuvre est confidentielle quand l'autre reste encore à traduire. Est-ce à dire qu'elle serait intraduisible ?

Certains poèmes manifestent, il est vrai, une certaine opacité et se présentent au lecteur comme des mystères. Il faut avoir l'esprit poétique pour traduire Merini, et peut-être a-t-il manqué des relais pour mener à bien ce passage d'une langue à l'autre. Le son est ici au moins aussi important que le sens, car la poétesse milanaise est une sorte d'alchimiste qui donne des habits nouveaux aux mots, les fait reluire en pratiquant des associations étranges et inattendues. Les métaphores et les allégories sont ici reines, et c'est ce qui fait la force, la puissance de cette œuvre. Certains poèmes sont ainsi pour le moins obscurs, ou du moins sujets à l'interprétation. Mais c'est précisément ce qui est passionnant.

Par ailleurs, *Confusion des étoiles* est un recueil composite, qui a été constitué *a posteriori*, après la mort de la poétesse. Il est extrait d'une correspondance – sur des années avec le critique littéraire de Lecce, Oreste Macrì – et datant des années 1980 (les années de Tarente, 1984-1987), période de grande inspiration pour Alda Merini. Plusieurs des textes ont été écrits à la main et son écriture est parfois peu compréhensible en italien, surtout dans les lettres envoyées à l'hôpital SS. Annunziata (où elle était internée), qui sont pratiquement illisibles. Ce qui a compliqué la retranscription et qui complique, par ricochets, la traduction.

Traduire Alda Merini, c'est donc faire de l'archéologie, procéder à l'excavation (comme l'indique le verbe italien *scavare*, souvent employé par elle) des mythes, déterrer les ruines d'une Italie perdue, d'un Milan semblable à l'Atlantide, d'une folie qui n'appartenait qu'à elle, empruntant à la *Bible*, à *La Divine Comédie*, aux mythes grecs (Orphée, Vénus, Athéna...) et au théâtre shakespearien (*Hamlet* étant souvent cité).

Traduire Alda Merini, c'est entrer dans un esprit singulier, dans une langue qui a son lexique propre, c'est marcher sur les traces, ne pas être certain du sens, mais étudier toutes les possibilités, n'en exclure aucune, s'accrocher à des indices pour reconstituer le texte originel. Traduire Alda Merini, c'est donc faire des choix en étant conscient des limites (*i confini*, un des mots récurrents dans son écriture) du travail entrepris, c'est parfois se décourager, et souvent se raccrocher à ce que la langue possède en elle d'inconnu, car comme l'écrivait René Char, « les mots savent de nous ce que nous ignorons d'eux ».

Traduire Alda Merini, dans le fond, est presque impossible. « Mais comment rejoindre l'impossible, si ce n'est précisément à travers l'impossible[17] ? » Cette question que pose Cristina Campo s'adapte tout aussi bien à la quête d'Alda Merini qu'à sa traduction. Le plus important étant le monde d'Alda, son inconscient qui a sa propre langue, ses mots étant comme des fenêtres et des leviers face à la langue normée et institutionnalisée. Ainsi notre traduction n'est-elle pas définitive, mais elle propose des pistes et ouvre des fenêtres sur tout ce que l'œuvre contient en germe. Le geste poétique est ici nécessairement lié à la transcendance et, d'une langue à l'autre, il faut bien faire acte de foi.

Gabriel Dufay

# Note de l'éditeur

Les années 1980. C'est après son internement dans un asile, à Milan, que s'ouvre la grande période poétique d'Alda Merini. *Confusione di Stelle* date ainsi des quatre ans qui séparent *La Terra Santa* (Scheiwiller, 1984) de *Testamento* (Crocetti, 1988), deux de ses recueils les plus étincelants.

Les quelque soixante-dix poèmes que rassemble ce volume ont une histoire singulière : ils ont été exhumés par une universitaire, Ornella Spagnuolo, de la vaste correspondance qu'entretint Alda Merini avec le poète et critique littéraire Oreste Macrì. Conservées dans les archives Macrì, déposées au Cabinet Vieusseux de Florence, certaines de ses lettres étaient dactylographiées, avec peu de corrections, d'autres écrites à la main.

Pour Alda Merini, Oreste Macrì était « celui qui scelle les grandes et les petites œuvres ». En janvier 1952, il fut en effet son premier critique, dans la *Gazzetta di Parma*, vantant « son authenticité, la pureté et l'élan de son sentiment ». Dans les courriers qu'elle lui adresse, toujours assortis de poésie, Alda Merini s'ouvre à lui de questionnements personnels – sa vie de famille épineuse, l'amour pour son second époux, le poète et médecin Michele Pierri – et explore sa vision de l'art ou son travail d'écriture.

Dans cette édition française, les poèmes sont introduits par quatre auto-interviews originales et suivis de prose et de lettres. L'ensemble offre un bréviaire poétique inédit – mis à part

*Il Canzoniere di Sylvia*, partiellement publié dans la revue *L'Albero* en 1985, puis réduit et renommé *La gazza ladra. Venti ritratti* – et constitue le journal caché de l'une des plus grandes voix de la poésie italienne.

# Auto-interviews

# L'intervista

— La sua data di nascita?

— Non ne ho una.

— Vuole dire che non si ricorda di essere nato?

— Esattamente, ricordo solo i fumi di un abbondante amore di cui ne ho sorbito il veleno.

— E come apparve su questa terra?

— In modo del tutto imperdonabile, per caso, forse per disamore.

— Il suo passato?

— È denso di ombre calde.

— Il suo avvenire?

— Il mio avvenire stava nelle mani di un uomo che non è stato abbastanza attento.

— Cosa vuole dire?

— Voglio dire che quest'uomo l'ho amato con tutta me stessa ma mi ha calpestato anche nelle viscere.

— Perché?

— Perché altri l'hanno manipolato, perché si è lasciato trascinare dall'inganno.

— Ha ricordi?

— Moltissimi e tutti proteiformi.

— Uno in particolare?

# L'interview

— Votre date de naissance ?

— Je n'en ai pas.

— Vous voulez dire que vous ne vous souvenez plus de votre naissance ?

— Exactement, je ne me souviens que des vapeurs d'un amour abondant dont j'ai absorbé le poison.

— Et comment êtes-vous apparue sur cette terre ?

— D'une façon complètement impardonnable, par hasard, et peut-être, par désamour.

— Votre passé ?

— Il est dense, fait d'ombres chaudes.

— Et votre avenir ?

— Mon avenir était entre les mains d'un homme qui n'a pas été assez attentif.

— Que voulez-vous dire ?

— Je veux dire que j'ai aimé cet homme de tout mon cœur mais qu'il a marché sur mon corps.

— Pourquoi ?

— Parce que d'autres l'ont manipulé, parce qu'il s'est laissé emporter par la trahison.

— Avez-vous des souvenirs ?

— Beaucoup, et tous protéiformes.

— Vous en avez un en particulier ?

— Sí, una grata di fuoco contro la quale ho bruciato tutti i miei orizzonti.

— Convive con qualcuno?

— Una sola persona mi è sempre stata accanto in luogo dell'angelo custode, la morte.

— E dialoga con lei?

— No, la morte è mistero.

— In che senso?

— Nel senso che la morte non ha parola.

— Allora si tratta di una schiavitú reciproca.

— No, la morte è sempre vincente.

— Che altro sa dirmi di lei?

— Che vorrei parlarle da sempre e che la parola mi si è fermata nel collo.

— Perché?

— Perché forse sono malato, da anni non conosco la felicità né gli alberi verdi.

— Sono cosí importanti per lei gli alberi?

— Sí, parlano di ripetizioni assolute: gli alberi sono come gli angeli che si rinnovano sempre. Gli alberi sono la mia figura rimandata in immagine.

— Lei ha molte figure?

— Sí, parecchie, ne avevo molte, come avevo molta audacia e molto coraggio.

— Ha un nome?

— Credo di averne uno.

— E come lo usa?

— Tacendolo.

— Si definisce poeta?

— Questo sí, certamente sí, se essere poeti vuole dire crocifissione.

— Insomma lei è un'anima dannata.

— Piú o meno lo sono stato e lo continuo ad essere, se la coscienza può essere crocifissione.

— Oui, une grille en feu sur laquelle j'ai fait brûler tous mes horizons.

— Vous cohabitez avec quelqu'un ?

— Il y a une seule personne qui est restée à mes côtés comme un ange gardien : la mort.

— Et vous dialoguez avec elle ?

— Non, la mort est un mystère.

— Que voulez-vous dire par là ?

— Je veux dire que la mort ne possède pas la parole.

— Alors il s'agit d'un esclavage réciproque.

— Non, la mort gagne toujours.

— Qu'avez-vous d'autre à me dire ?

— Que depuis toujours je voudrais vous parler mais que la parole est restée coincée dans ma gorge.

— Pourquoi ?

— Peut-être parce que je suis malade, depuis des années je ne connais ni le bonheur, ni les arbres verts.

— Ils sont tellement importants pour vous, les arbres ?

— Oui, ils racontent des répétitions absolues : les arbres sont comme les anges, qui renaissent constamment. Les arbres sont une figure à mon image.

— Est-ce que vous avez plusieurs figures ?

— Oui, beaucoup, j'en avais beaucoup, tout comme j'avais beaucoup d'ardeur et de courage.

— Avez-vous un nom ?

— Je crois en avoir un.

— Et comment est-ce que vous l'utilisez ?

— En le taisant.

— Vous considérez-vous comme un poète ?

— Ça oui, absolument, à partir du moment où être poète signifie porter sa croix.

— Par conséquent, vous êtes une âme damnée ?

— Je l'ai été plus ou moins, et je continue de l'être, si avoir une conscience signifie porter sa croix.

— Perché, lei nega la coscienza?
— No, anzi, ma la mia è diventata un feto.
— Allora suda parecchio.
— Sí, come Cristo nell'orto.
— Aspettando un'agonia.
— Non so, la sto vivendo adesso.
— E la morte?
— Quella verrà dopo, resisterà oltre la mia presenza.

*14 ottobre 1986*

— Pourquoi, est-ce que vous niez la conscience ?
— Pas du tout, mais la mienne est devenue un embryon.
— Mais vous transpirez beaucoup.
— Oui, comme le Christ au jardin.
— En attendant l'agonie.
— Je ne sais pas, je suis en train d'agoniser en ce moment.
— Et la mort ?
— Elle viendra après, elle subsistera au-delà de ma présence.

*14 octobre 1986*

# L'intervista N. 2

— Esistono posti che poggiano le loro fondamenta sul peccato.
— Che cosa volete dire?
— Che vi sono posti erronei, posti che tremano davanti al cesello dell'arte, posti sostanzialmente putridi: lí albergano le magie e le malattie piú speciose, sono posti dove il diletto non ha luogo e niente accade che non sia [*illeggibile*] pura.
— Voi abitate in questo posto?
— Sí, da un tempo immemorabile, da quando i ricordi hanno cominciato a fluire da me come acqua viva.
— Allora soffrite?
— In modo incredibile, come se dovessi continuamente partorire delle aquile.
— E questo è il modo di fare poesia?
— Anche. La poesia è certamente una gestazione infelice.
— Voi come gestante come state?
— Ho un vomito tremendo per tutte le cose.
— E questi figli ipotetici con chi li concepite?
— Con me stesso, a volte facendo soffrire un altro.
— Quindi nella vostra creazione non c'è amore?
— Dovrebbe esserci. Quando la poesia viene generata dall'assenza o dall'odio diventa un inutile sterpo, ma di questi doloranti sterpi

# L'interview n° 2

— Il existe des lieux dont les fondations reposent sur le péché.

— Que voulez-vous dire ?

— Qu'il existe des lieux fallacieux, des lieux qui tremblent face au couteau de l'art, des lieux fondamentalement pourris : ces endroits sont porteurs de sorcellerie et des maladies les plus illusoires, ce sont des endroits où l'on ne trouve aucun plaisir et où rien de ce qui arrive n'est [*illisible*] pur.

— Vivez-vous dans cet endroit ?

— Oui, depuis un temps immémorial, quand les souvenirs ont commencé à couler de moi comme de l'eau vive.

— Alors vous souffrez ?

— Incroyablement, comme si je devais constamment donner naissance à des aigles.

— C'est comme ça qu'on fait de la poésie ?

— Aussi. La poésie est certainement une gestation malheureuse.

— Comment allez-vous en tant que femme enceinte ?

— J'ai des nausées terribles pour toute chose.

— Et ces enfants hypothétiques, avec qui les concevez-vous ?

— Avec moi-même, en faisant parfois souffrir autrui.

— Alors dans votre création, il n'y a pas d'amour ?

— Il devrait y en avoir. Quand la poésie naît de l'absence ou de la haine, elle devient un arbuste inutile, mais l'enfer est pavé de ces

è pieno l'inferno. Di fatto l'inferno può spingersi fino a noi e allora si spegne.

— Insomma non credete piú nell'avvento di una fine del male.

— Il male è l'uomo medesimo, vale a dire che l'uomo è anche il demonio: può solo sperare nel suo totale sterminio.

arbustes inutiles. En fait, l'enfer peut nous atteindre et, ensuite, s'éteindre.

— Alors vous ne croyez plus dans l'avènement d'une fin du mal.

— Le mal, c'est l'homme lui-même, il va sans dire que l'homme est aussi le démon : il ne peut avoir d'espoir que dans son propre anéantissement.

# Il ponte

— Ha mai passato un ponte?

— Spesso senza trovare una riva.

— Perché?

— Perché i ponti sono simbolici come il nostro passaggio.

— Quindi lei sapeva che non sarebbe approdato a nulla.

— Infatti.

— E allora?

— Allora l'uomo si muove secondo un disegno divino per cui un certo percorso lo deve necessariamente fare per compiacere gli dei.

— E sono molti?

— Molte le loro fantasie e le loro aperture, molte le loro paure che vengono compensate dagli uomini stessi.

— In che modo?

— Col dolore, col dolore eterno.

— Quindi lei passa un ponte senza avere speranza.

— No, c'è un punto di riferimento, una pausa: gli dei concedono delle pause agli strappi unilaterali dell'uomo.

— Che fa lei durante queste pause?

— Medito, medito sul cominciamento di un principio nuovo di dannazione.

— Quindi gli dei sono cattivi.

— No, ma non hanno misericordia.

# Le pont

— Avez-vous déjà traversé un pont ?

— Souvent, sans trouver de rivage.

— Pourquoi ?

— Parce que les ponts sont symboliques, comme notre passage.

— Donc vous saviez que vous n'alliez parvenir à rien.

— En effet.

— Et alors ?

— Alors l'homme se déplace selon un dessein divin, selon lequel il doit nécessairement accomplir un certain parcours pour complaire aux dieux.

— Et il y en a beaucoup ?

— Ils ont beaucoup de fantaisie et d'ouverture, beaucoup de peurs aussi, qui sont compensées par les hommes eux-mêmes.

— De quelle façon ?

— Avec la douleur, la douleur éternelle.

— Donc vous traversez un pont sans avoir aucun espoir.

— Non, il y a un point de repère, une pause ; les dieux accordent des pauses aux écorchures unilatérales de l'homme.

— Que faites-vous pendant ces pauses ?

— Je médite, je médite sur le début d'un nouveau principe de damnation.

— Alors les dieux sont méchants.

— Non, mais ils n'ont aucune pitié.

— E l'uomo?

— L'uomo, che è il loro giocattolo, è capace anche di bontà, per questo da sempre gli dei lo hanno invidiato.

— E se l'uomo fosse libero?

— Diventerebbe celebre per la propria stoltizia.

— Perché?

— Perché l'uomo è naturalmente beato.

— E allora?

— Ciò condanna l'uomo al confine.

— E si può superare?

— No, nemmeno con la morte.

— Et l'homme ?

— L'homme, qui est leur jouet, est aussi capable de bonté, c'est pourquoi les dieux l'ont toujours envié.

— Et si l'homme était libre ?

— Il deviendrait célèbre par sa stupidité.

— Pourquoi ?

— Parce que l'homme est naturellement béni.

— Et donc ?

— Cela condamne l'homme à rester limité.

— Est-ce qu'il peut dépasser ces limites ?

— Non, pas même avec la mort.

# Le tracce

— È lecito lasciare delle tracce di vita?

— Credo, sí, che sia inevitabile.

— E a che servono?

— A significare che l'uomo ha avuto il suo transito, che si è portato bene, insomma che ha obbedito.

— A che cosa?

— Ai disegni di un eterno conflitto.

— Dunque le tracce fanno parte dell'umano escrementizio.

— Direi di sí, che sono l'escremento base perché Dio vi si specchi.

— Dio non ha riluttanza in questo suo cercarsi nel nulla e nel putrido?

— Credo di no, cosí come una mamma studia gli escrementi dei lattanti.

— Di che ordine sono le tracce: sono fisiche o psichiche?

— Piú fisiche che altro, ma gli dei vi odorano il Sentore dell'anima. Da questo sterco nasce un putridume tremendo, un sentore che vellica gli spiriti divini.

— Ma c'è corpo anche nell'anima?

— No, è l'anima che sale al corpo e viceversa.

— Allora le tracce a che cosa servono?

— A stabilire i confini dell'uomo, cosí come il cane, che delimita puntualmente il suo territorio.

# Les traces

— Est-il légitime de vouloir laisser des traces dans la vie ?

— Je pense, oui, c'est inévitable.

— Et à quoi ça sert ?

— À signifier que l'homme a été de passage, et s'est bien comporté, en bref qu'il a obéi.

— À quoi ?

— Au dessein du conflit éternel.

— Donc les traces font partie des excréments humains.

— Je dirais que oui, ce sont les excréments d'origine car Dieu s'y reflète.

— Dieu ne répugne-t-il pas à se chercher dans ce néant fétide ?

— Je crois que non, parce qu'il le fait comme une mère qui étudie les excréments des nourrissons.

— À quoi ressemblent-elles, ces traces : elles sont physiques ou psychiques ?

— Plus physiques qu'autre chose, mais les dieux peuvent sentir en elles l'Odeur de l'âme. De ces excréments naît une pourriture terrible, une odeur qui chatouille les narines des esprits divins.

— Mais le corps se manifeste-t-il aussi dans l'âme ?

— Non, c'est l'âme qui monte dans le corps et vice-versa.

— Alors à quoi servent les traces ?

— À établir les limites humaines, comme fait le chien, qui délimite régulièrement son territoire.

— Da una coscia lascia le tracce.

— Sí, avviene come quando si calpesta un verme e ne escono le interiora, su queste interiora spirituali si abbuffano tutti gli dei.

— In sostanza...

— In sostanza non c'è paragone tra ciò che è concesso e ciò che non è convesso, le tracce sono sanguigne, il loro sangue è perfetto.

— Esiste un metro sanguigno?

— No, come non esiste un metro della memoria, tutti e due scompaiono nell'illusione.

— En levant la cuisse, il laisse ses traces.

— Oui, cela arrive comme quand on marche sur un ver de terre et que ressortent ses viscères, tous les dieux se goinfrent de ses viscères spirituels.

— En somme...

— En somme, il n'y a pas de confrontation entre ce qui est accordé et ce qui n'est pas accordé, les traces sont sanguines et leur sang est parfait.

— Existe-t-il une mesure du sang ?

— Non, comme il n'existe pas de mesure de la mémoire, les deux se fondent dans l'illusion.

# *Canzoniere di Sylvia 1986*

# *Canzoniere* de Sylvia 1986[1]

# I sacramenti

Bisogna avvicinarsi ai sacramenti
con aria trista e confusa
per non dannare le genti,
conoscere il pesce rosso,
la verticalità di Cristo
e le urne pacifiche della trinità.
Bisogna immettersi nel mistero
senza mai volgere la testa
come tu fai, distratto,
che mentre prendi la comunione
acchiappi una mosca al naso.

# Les sacrements

Il faut s'approcher des sacrements
avec la mine triste et confuse
et ne pas damner les gens,
aller à la rencontre du poisson rouge,
de la verticalité du Christ
et des urnes paisibles de la trinité.
Il faut s'immerger dans le mystère
sans jamais tourner la tête
comme tu le fais, distraitement,
toi qui, pendant la communion,
attrapes une mouche dans le nez.

# Il chierico

Sbadigli sul primo gradino dell'altare,
al secondo fai uno starnuto,
al terzo ti netti il naso
e ondeggi il turibolo male:
tutto sprecato e inutile,
ignoto ragazzino
che vivi a sghembo il nostro sacramento,
ma quella cotta nuda
fatta di tanti merletti
ti conferisce l'aria piú sacra
e di questo sacramento tu vivi.

# Le clerc

Tu bâilles sur la première marche de l'autel,
sur la deuxième tu éternues,
sur la troisième tu t'essuies le nez
et tu balances mal l'encensoir :
tout est perdu et inutile,
garçon inconnu
qui vit maladroitement notre sacrement,
mais cette chasuble nue
faite de tant de dentelles
te confère un air plus sacré
et tu vis de ce sacrement.

# Il barbone

Filo di lana caprina
al collo attorcigliato,
moneta d'oro sonante
al polso aggrovigliato
e una barba sapiente di misteri
sull'immacolato sparato
davanti le sonagliere
di un bufalo mancato.

# Le clochard

Fil de laine de chèvre
autour du cou torsadé,
pièce d'or sonnante
sur le poignet emmêlé
et une barbe riche de mystères
sur ton plastron immaculé
face aux cloches
d'un buffle échoué.

# La Gisella

Aveva un pappagallo poliglotta
la Gisella che era sciancata
ma ben pettinata invero
con forcelle di tutti i colori.
La Gisella moriva di fantasia
e delle penne del suo pavone
si inghirlandava la testa
con i resti del suo loreto.

# La Gisella

Elle avait un perroquet polyglotte
la Gisella qui traînait la patte
mais elle était vraiment bien peignée
avec des épingles de toutes les couleurs.
La Gisella mourait de fantaisie
et des plumes de son paon
elle coiffait sa tête
avec les vestiges de sa perruche.

## A Zita

Eppure hai ottant' anni e la tua lieve secchezza,
la sapienza di giungere a rami spogli,
tu la porti come un secondo lenzuolo.
Nutrita di venti afosi,
di fronzoli di Barberia
o forse anche di neve,
di neve di solitudine,
nutrita pur di avarizia
che sí ti inchina il naso
all'odorato del soldo,
non schifi però di leggere
le buone poesie;
anche se vecchia e stanca
ti chini sui bianchi fogli.

# À Zita[2]

Même si tu as quatre-vingts ans et une légère sécheresse,
la sagesse d'atteindre les branches nues
tu la portes comme un deuxième drap.
Nourrie des vents suffocants,
des fanfreluches des Berbères
ou peut-être même de la neige,
de la neige de solitude,
nourrie de l'avarice
qui, oui, te retrousse le nez
à l'odeur de l'argent,
pourtant tu ne détestes pas lire
la bonne poésie ;
même si tu es vieille et fatiguée
tu te penches sur les feuilles blanches.

## A Norma V.

Tu che sei baldracca e ti proclami signora,
che vendi le viscere tue per pochi sporchi denari
ma che al collo hai la volpe e canti mille fontane
e dici di conoscere Roma e San Pietro e il Vaticano,
tu che occhieggi, vecchia, ai giovani del nostro quartiere,
tu la Norma conosciuta in tutti i bordelli
stai lí con le gambe che tremano davanti a mille starnuti
e divori l'angoscia cosí come la tubercolosi,
donna che non hai sentimenti o preghiere
ma solo baratri oscuri,
donna che non hai mai dialogato se non con i calcinacci dei muri.

## À Norma V.

Toi qui es pute et qui te proclames dame,
qui vends tes entrailles pour quelques billets sales
mais qui as un renard autour du cou et chantes mille fontaines
toi qui dis que tu connais Rome et Saint-Pierre et le Vatican,
toi, la vieille, tu reluques tous les jeunes de notre quartier,
tu es la Norma bien connue de tous les bordels
tu restes là, les jambes tremblantes face à mille éternuements
dévorant l'angoisse et la tuberculose,
femme qui n'a ni sentiments ni prières
mais seulement des sombres abîmes,
femme qui n'a jamais parlé qu'avec les décombres des murs.

# Anacreonte

Sul tuo collo fluiva la criniera
del canto ma non tanto che i simposi
non attossicassero il verso
del resto cosí pulito,
una macchia di fresca verzura,
di dorato colore, di folclore
nel ritmo forte della poesia.

# Anacréon[3]

Sur ton cou ruisselait la rivière
du chant sans que les banquets
n'empoisonnent un vers
par ailleurs si soigné,
une tache d'herbe fraîche,
de couleur dorée, de folklore
dans le rythme puissant de la poésie.

# Alda Merini

Io fui Alda Merini ma non so dirvi nulla
se non che tre elementi come nell'universo
giocarono dentro la mia parola:
l'aria, il fuoco e la terra.
[...]

# Alda Merini

Je fus Alda Merini mais je ne sais que vous dire
sinon que trois éléments jouèrent
dans ma parole comme dans l'univers :
l'air, le feu et la terre.
[...]

# Athena

Lungo l'incerta memoria
che incanta le figure,
Athena
dal volto di marina
che ardi sugli scogli
in dorate figure,
Athena nuda e bionda
come le sette muse
mi pari più gioconda
se incontri l'armonica
tua sorella piú bionda
incerta fantasia.

# Athéna

Au fil de l'incertaine mémoire
qui enchante les figures,
Athéna
au visage marin
qui brûle sur les rochers
dans des poses dorées,
Athéna nue et blonde
comme les sept muses,
tu me sembles plus enjouée
quand tu rencontres l'harmonie
ta sœur encore plus blonde
incertaine fantaisie.

# A Emily Dickinson

Le tue larghe sottane nere,
il culto velato delle tue pettinature informi,
indici di una vanità castigata
oltre mesure, il tempio
che atterravi ogni giorno
con piede indispettito e villano
contro chi ti sopravanzava,
tutto ciò non fa di te una grande poetessa
ma una orgogliosa cialtrona dai giochi facili
avara anche di cuore.

# À Emily Dickinson

Tes larges jupes noires,
le culte voilé de tes coiffures informes,
indices d'une vanité châtiée
hors de toute mesure, le temple
que chaque jour tu terrassais
d'un pied lourd et agacé
face à ceux qui t'ont surpassée,
tout ça ne fait pas de toi une grande poétesse
mais une canaille orgueilleuse aux jeux faciles
et au cœur avaricieux.

# Silvio

E tu Silvio che amai oltre me stessa,
medico da strapazzo, medico condotto,
che abbandonasti l'amore
per uno yacht in Sardegna,
ora sei ricco e famoso
ma ti ho incontrato un giorno nel manicomio:
chissà perché questi nostri destini!

## Silvio

Et toi Silvio que j'ai aimé au-delà de moi-même,
médecin de pacotille, médecin bien établi,
qui as abandonné l'amour
pour un yacht en Sardaigne,
maintenant tu es riche et célèbre
mais je t'ai rencontré un jour à l'asile :
qui sait pourquoi ce fut notre destin !

# Quando penso

*A Manú*

Quando penso che potresti morire
e sciogliere la tua dolce edera
e stampare un tonfo nella vita presente,
quando penso che potrebbe mancarmi il
       tuo braccio
fatto di amorosa luminescenza,
allora so che si apriranno i giardini
di una disconoscenza imperitura.
Quando penso che non ti ho onorato
né illeggiadrita né cantata abbastanza
e che non ti ho chiuso nelle tue mie braccia
fino a perpetuare il momento della
       dolcezza,
allora piccolo amore
io mi sento tua figlia
e mi dispero per questo,
perché non ho dato sole al tuo territorio
né mi sono inginocchiata davanti al
       miracolo della tua nascita
né ho capito il tuo sforzo vitale
e perché non ti ho amato abbastanza,

# Quand je pense

*À Manú*[4]

Quand je pense que tu pourrais mourir
et défaire ton tendre lierre
et marquer d'un bruit sourd cette présente vie,
quand je pense que pourrait me manquer
      ton bras
dans toute sa lumière amoureuse,
alors je sais que s'ouvriraient des jardins
d'une obscurité infinie.
Quand je pense que je ne t'ai pas assez honorée,
ni assez rendu grâce ni assez célébrée,
et que je ne t'ai pas serrée dans mes bras
pour préserver l'instant de
        douceur,
alors petit amour
je me sens comme ta fille
et je me désespère de cela,
parce que je n'ai pas été le soleil de ton paysage,
je ne me suis pas agenouillée devant le
          miracle de ta naissance
je n'ai pas compris ton élan vital
et parce que je ne t'ai pas assez aimée,

e allora non so dove mettere questo
fardello di amore
se non vicino agli dei.

et voilà que je ne sais où mettre ce
fardeau d'amour
si ce n'est auprès des dieux.

# Se non viene la serva viene un tuo figlio

Se non viene la serva viene un tuo figlio
e cosí ti guarda e ti vede
ed io rimango indietro un passo,
sempre.
O la figlia o la nuora o il nipote,
marito di tante mogli,
moglie di tanti mariti,
io
che mi drogo la notte
per non sentire la carne.

# Si la bonne ne vient pas un de tes fils viendra

Si la bonne ne vient pas un de tes fils viendra
et ainsi il te regardera et te verra
et moi je resterai un pas en arrière,
à chaque fois.
Ou la fille ou la belle-fille ou le petit-fils,
toi mari de plusieurs femmes,
moi épouse de plusieurs maris,
moi
qui me drogue la nuit
pour ne pas sentir la chair.

# Tu dici « chiama l'eminente medico »

Tu dici « chiama l'eminente medico »
perché io voglio guarire,
ma da che cosa, amore,
da quella paglia angelica che io sono
su cui posa piano il bambino Gesú.
Ahimè povero caro,
guarire da un amore infelice,
non consumato e irrisolto.
« Chiama il medico » dici
« ridi di te con lui ».

# Tu dis « appelle l'éminent médecin »

Tu dis « appelle l'éminent médecin »
parce que je veux être guérie,
mais de quoi, mon amour,
de cette paille sainte que je suis
sur laquelle repose l'enfant Jésus.
Hélas mon pauvre chéri,
guérir d'un amour malheureux,
inaccompli et irrésolu.
« Appelle le médecin » tu dis
« ris de toi avec lui ».

## Quanta gente Michele ha messo la bocca

Quanta gente Michele ha messo la bocca
tra i nostri inguini,
gli inguini dei nostri sogni,
quanta gente infelice e cruda,
quanti sordi cammelli:
perché hai permesso questo assurdo adulterio,
amore amore amore,
perché questa impudicizia feroce?
Quanti hanno bevuto al nostro cerchio
magico dell'amore.

# Combien de gens ont mis leur nez, Michele

Combien de gens ont mis leur nez, Michele
dans nos entrejambes,
dans les entrejambes de nos rêves,
combien de gens malheureux et rustres,
combien de chameaux sourds :
pourquoi as-tu permis cet adultère absurde,
amour amour amour,
pourquoi cette impudeur féroce ?
Combien ont bu au cercle
magique de notre amour.

## A Eva

Non so chi tu sia ma sei piena e grossa,
come il diamante ferisci chi tocchi
perché la tua presenza è nuda,
nuda come la roccia.

# À Eva[5]

Je ne sais qui tu es mais tu es pleine et massive,
comme le diamant, tu blesses qui te touche
parce que ta présence est nue,
nue comme la roche.

## Il cornuto

Tu dici di essere cornuto e lo sei,
perché il mio sentimento vola via
come una rossa palla.
Il mio corpo lo abbandonasti sulla riva
ed era pieno di docili ragazzi
e cosí odorasti dei lezzi feroci
invece che di gradevoli essenze.
Adesso dici che ti ho tradito,
adesso che vivo solo di anima.

# Le cocu

Tu dis que tu es cocu et tu l'es,
parce que mes sentiments s'envolent
comme un ballon rouge.
Mon corps, tu l'as abandonné sur le rivage
qui était plein de garçons dociles
et ainsi as-tu senti leur puanteur féroce
au lieu des essences agréables.
Maintenant tu dis que je t'ai trompé,
maintenant que je ne vis que de l'âme.

# Mi metti tra i piedi la serva

Mi metti tra i piedi la serva
che io non gradisco e non voglio
perché prende il tuo povero corpo
con un unico sguardo,
io lo delibavo a sorsi cosí,
come un tabernacolo d'oro.
Mi metti tra i piedi la serva
e poi dici che io ti tradisco.

# Sur mon chemin tu as mis la bonne

Sur mon chemin tu as mis la bonne
que je n'aime pas et dont je ne veux pas
parce qu'elle s'empare de ton pauvre corps
d'un seul regard,
par grandes gorgées j'ai goûté à ton corps,
tel un tabernacle d'or.
Sur mon chemin tu as mis la bonne
et puis tu dis que je te trahis.

# Tu professore tagliente come la lama

Tu professore tagliente come la lama
con barca e occhiali e l'orecchio funebre,
tu che stanghi i ragazzi con le verghe
della tua lingua o forse d'altra cosa,
prosatore di scempio vorticoso,
uomo che danzi sopra le lagune,
sei bello sí a vedersi ma maldestro,
maleducato come le cornacchie.

# Toi, professeur, tranchant comme une lame

Toi, professeur, tranchant comme une lame
avec ton bateau, tes lunettes et ton oreille funèbre,
toi qui punis les garçons avec les verges
de ta langue ou peut-être d'autre chose,
prosateur aux ravages tourbillonnants,
homme qui danse au-dessus des lagunes,
tu es si beau à regarder mais si maladroit,
mal élevé comme les corbeaux.

## A S.

Tu che stai dietro il banco a capire
se volano le mosche e gli insetti,
povero di intelligenza e di spirito,
povero uomo che però capisci
l'umiltà della gente, abbi un saluto
da me che passo senza una parola.

# À S.

Toi qui es derrière ton banc afin de comprendre
si les mouches et les insectes volent,
pauvre d'intelligence et d'esprit,
pauvre homme qui pourtant comprends
l'humilité des gens, je te salue,
moi qui passe sans un mot.

**A B.**

Mi sono innamorata di te,
amore infelice e teso
come l'arco dell'audace Minerva
(una rossa palla Eros...)
Già, ma non sei né primo né giovane
ma vecchio quanto son io,
solo che giochiamo come ragazzi
sul fondale della nostra notte
per dimenticare i dolori effimeri,
i dolori struggenti.

# À B.

Je suis tombée amoureuse de toi,
amour malheureux et tendu
comme l'arc de l'audacieuse Minerve
(le ballon rouge d'Éros[6]...)
Oui, mais tu n'es pas le premier et tu n'es pas jeune
mais aussi vieux que moi,
et pourtant nous jouons comme des enfants
dans les profondeurs de notre nuit
pour oublier les douleurs éphémères,
les douleurs déchirantes.

# Tu Pucci d'oro come hai contristato il mio tempo

Tu Pucci d'oro, come hai contristato il mio tempo,
per me eri teso e di piombo,
senza parola, ligneo;
come hai contristato il mio tempo, figlio,
per il benessere di tuo padre o mio,
oppure di te stesso.
(che triade imperfetta!)

# Toi Pucci d'oro, comme tu as rendu mes jours tristes

Toi Pucci d'oro[7], comme tu as rendu mes jours tristes,
pour moi tu étais fait de tension et de plomb,
sans voix, en bois ;
comme tu as rendu mes jours tristes, mon fils,
pour le bien-être de ton père, pour le mien,
ou pour le tien.
(quelle triade imparfaite !)

# Angelina

## [I]

O benedetta te che ami le bestie
non potendo avere dei figli,
povera e innamorata dei cani,
ma perché una testina d'oro
sul tuo povero sogno e chi l'avrebbe
mai detto, donna, povero musetto
che scambi per il becco di usignolo.

## [II]

Tu figlia della mia lamentevole serva,
occhiuta dietro il banco della rosa,
rosea e paffuta come una madonna,
che sai tu della vita che ti ha presa,
povera dolce indovinata agnella.

# Angelina[8]

## [I]

Ô bienheureuse sois-tu toi qui aimes les bêtes
puisque tu ne peux avoir d'enfants,
pauvre et amoureuse des chiens,
mais pourquoi cette petite tête en or
au-dessus de ton pauvre rêve et qui aurait
jamais dit, ma chère, que tu confondrais
ton pauvre petit nez avec le bec d'un rossignol.

## [II]

Toi, fille de ma lamentable bonne,
observant derrière le banc des roses,
rosée et dodue comme une madone,
que sais-tu de la vie qui de toi s'est emparée,
pauvre et douce agnelle démasquée.

# Alla signora N.

Tu vesti di visone la pelle,
bellissima signora, e mi richiami
gli autentici orsi del Bengala
ma sei buona a soffrire e a far soffrire,
ahimè, stimolando la ricotta
come offerta al sapore della vita.

# À Mme N.

Tu habilles ta peau de vison,
belle dame, et tu me rappelles
les vrais ours de Bengale
mais tu es douée pour souffrir et faire souffrir,
hélas, en faisant monter le désir[9]
comme offerte à la saveur de la vie.

## A N.

Buon trovatore di parole,
buon uomo che visiti l'amplesso
di impossibili sogni, benedetto
stridulo corno, chi ti può fornire
altre allegre parole, ché le tue
rotolano sul tappeto della sera.

# À N.

Bon troubadour[10] de la parole,
homme bon que visite l'étreinte
de rêves impossibles, avec ton cor
strident et béni, qui peut te fournir
d'autres mots joyeux, puisque les tiens
roulent sur le tapis du soir.

*Un amore peninsulare*

**Un amour péninsulaire**

Ecco, carissimo Macrì,

le piú belle poesie che ho scritto per Michele Pierri. Il nostro amore, che Manganelli ha chiamato *peninsulare*, ha commosso i letterati tanto piú che non ci siamo mai veduti. Se lo vedi lo abbracci per me.

AM

Al caro Oreste
con mille grazie
e benedizioni

AM

Voici, très cher Macrì,

les plus beaux poèmes que j'ai écrits pour Michele Pierri. Notre amour, que Manganelli qualifiait de *péninsulaire*, a ému les gens de lettres d'autant plus que nous ne nous sommes jamais vus. Si tu le vois, embrasse-le pour moi.

AM

Au très cher Oreste
avec mille mercis
et bénédictions

AM

*Amor che mise*

**Amour qui a porté**

Amor che mise sopra il mio destino
quella tua aria vigorosa e piena
cambiò di un colpo tutto il mio cammino,
mi fece di te schiava e poi serena,
quando portarti ciò che tu comandi
renda una donna simile a regina,
amor che prese me sí mi incammina
dove il tuo cielo ratto raccomandi.

Amour qui a porté sur mon destin
cet air vigoureux et puissant qui est le tien,
a soudain bouleversé ce chemin qui est le mien,
il a fait de moi ton esclave sereine,
quand t'apporter ce que tu commandes
transforme une femme en reine,
l'amour qui m'a pris m'emmène
là où ton ciel rapidement le demande[1].

# Parmi d'essere dentro nell'oriente

Parmi d'essere dentro nell'oriente
ove ricchezze sono sí fruttuose
che non sono da noi nell'occidente,
ove fioriscono certe strane rose
e balsami e profumi prontamente
per le donne che amano amorose:
in quei profumi io getto il cuore mio
per amarti secondo il tuo desio.

# J'ai l'impression d'être à l'Orient

J'ai l'impression d'être à l'Orient
là où les richesses sont foisonnantes
celles qu'on ne trouve pas chez nous en Occident,
là où fleurissent certaines roses étranges
et les baumes et les parfums d'un instant
pour ces femmes qui aiment, incandescentes :
dans ces parfums je jette mon cœur
pour t'aimer au gré de ton ardeur.

# Io desidero te che mi rapisca

Io desidero te che mi rapisca
siccome il tempo porta la fontana,
dove l'amore con amor ferisca,
divento cosí agnella e cosí strana
che potresti ben mettermi nel fuoco
anche per un scherzevole tuo gioco
e immolarmi a quel Dio che fece male,
al Dio d'amore bello e universale.

# Je veux que tu me ravisses

Je veux que tu me ravisses
puisque le temps abrite la cascade,
là où l'amour à l'amour fait supplice,
je deviens si tendre et si malade
que tu pourrais bien me jeter au feu
pour un de tes délirants jeux
et me sacrifier à ce Dieu malfaisant,
au Dieu de l'amour universel et éclatant.

# Io son piena in te cosí rapita

Io son piena in te cosí rapita
che non fosse già Dante nel suo Sole,
io sto delle tue grazie sí stordita
che mi perdo di vista anche le viole,
ma questo stordimento mi ha fallita
e la mia follia è cosí dolce
e cosí piena di voluti aspetti
che guai, amore mio, se non commetti
anche tu fallo che ti porti a Dio.

# Je suis comblée par toi et tellement ravie

Je suis comblée par toi et tellement ravie
plus que Dante dans son Soleil ne l'était,
je suis par tes grâces tellement étourdie
que je ne regarde même plus les fleurs,
mais cette stupeur m'a fait défaillir
et ma folie est si douce
si pleine de souhaits et de désirs
que gare à toi, mon amour, si tu ne commets pas
toi aussi la faute qui te mènera à Dieu.

# Sono donna di avere?

Sono donna di avere la ragione?
Credo di no, poché mi innamorai
della tua stanca e florida stagione;
su un giardino di inverno io mi affacciai,
eppure credo amore mio fiorito
che al tuo anello si appresti questo dito.

Penso che un giorno io potrò donare
ciò che di meglio ho dentro il cuore mio,
rose infinite, rose dolci e chiare,
cosí come conviene all'amor mio
e mi puoi compensare con le erbe,
quelle che trovi le piú rare e amare,
e mi puoi compensare con la vita
tanto dentro di te mi son smarrita.

## Suis-je une femme qui possède ?

Suis-je une femme qui possède la raison ?
Je crois que non, parce que je me suis enamourée
de ta saison fatiguée et en pleine floraison ;
sur un jardin d'hiver je me suis penchée
et pourtant je crois, mon amour florissant,
qu'à ton alliance s'accorde ce doigt.

Je pense qu'un jour je pourrai donner
ce qu'il y a de meilleur dans ce cœur qui est mien,
des roses infinies, des roses douces et claires,
comme cela convient à cet amour qui est mien,
et tu peux me récompenser avec des herbes,
celles que tu trouves les plus rares et les plus amères,
et tu peux avec la vie me récompenser,
tant à toi je me suis abandonnée.

# *Storia di amore mia e di Pierri*

# L'histoire d'amour de Pierri et moi

*À Oreste Macrì*

**[I]**

Oreste, quando io conobbi lui
ero una donna di nessun riguardo,
lingua d'amor che tace e già fui,
ero una donna presa in un ritardo;
poi che vidi scintillar le stelle
pensai che fosser dentro gli occhi suoi,
mai io l'avevo viste cosí belle,
bene ambientate dentro e fuori noi,
e allora presi nel mio cuor coraggio,
mi venne a visitare un primo raggio.

## [I]

Oreste, quand je l'ai rencontré
j'étais une femme sans scrupules,
la langue d'amour alors en moi se taisait,
j'étais une femme de présent dénuée ;
puis j'ai vu scintiller les étoiles,
j'ai pensé que ça venait de ses yeux,
je ne les avais jamais vu aussi belles,
existant en nous et hors de nous,
alors d'un cœur courageux je me suis armée,
et un premier rayon de lumière m'a visitée.

**[II]**

Dopo quel raggio s'apre un grande sole
fatto di sante e vivide parole,
dopo quel raggio mi rapí il suo suono,
trovai nella voce il mio perdono
e discesi all'inferno insieme a quella
che ascoltò di Francesco la favella.

**[II]**

Après ce rayon est apparu un grand soleil
fait de paroles saintes et vivantes,
après ce rayon j'ai été ravie par le son de sa voix,
j'ai trouvé dans cette voix mon pardon
et je suis descendue en enfer en suivant
celle qui a écouté la parole de Francesco[1].

# [III]

Cosí amor tutta mi incendiò e mi prese
e non mai nel mio giorno mi si arrese,
lui mi portava fiore di geranio
e foglie tutte, e quando avevo tema
trovavo nel suo occhio la sirena
che mi portava messaggio
e cosí io mi misi ai piedi suoi
per servire 'sto nuovo nocimento,
questa gran voglia di sudare il suo
per prender tosto quell'atteso pane
che viene dall'amate e pure mani.
E cosí io, Oreste, l'amai tanto e poi,
quant'era la distanza che mi prese,
io mi abbandonava ai baci suoi,
tutta egli nel cuore sí mi prese
ch'io confusi il mio giorno corrisposto,
e non mi stanco di quel suo canto
ove arde dentro lo spirito Santo.

**[III]**

Alors l'amour m'a tout enflammée et de moi s'est emparé
et jamais de la journée il ne s'interrompait,
il m'a offert un géranium
garni de feuilles, et quand j'ai eu peur
j'ai trouvé dans ses yeux une sirène
qui m'a délivré un message
ainsi, je me suis mise à ses pieds
pour être au service de ce nouveau mal,
ce grand désir de me faire contaminer par son mal
pour saisir rapidement ce pain tant attendu
provenant de mains aimantes et pures.
Et ainsi moi, Oreste, je l'aimais tellement et puis,
pesante était la distance qui nous séparait,
je m'abandonnais à ses baisers,
il m'a prise tout entière contre son cœur
que je confondais avec les journées partagées
et je ne me lasse pas de son chant
où le Saint-Esprit brûle ardemment...

## [IV]

E del suo amore io cosí riamata
non aveva onda e non aveva spiro
e or nel sogno tutta sublimata
mi pareva di vivere un deliro,
un deliro del qual gli fossi grata,
quantunque un lacrimevole sospiro
venisse a volte a far tremar le stelle,
e dissi a lui le cose mie piú belle.
E dissi a lui le cose mie piú pure,
le presenti, passate, le future,
tanto che di magia fui fatta nera,
egli credette ch'io fossi sincera.
E sincero lo ero e ancor lo sono,
soltanto che bramar di veder lui
mi par cosa non degna di perdono,
perciò commetto a te questo destino
di incontrare il mio amore al tuo cammino.

## [IV]

Et par son amour je me sentais aimée en retour
amour sans vague ni souffle
et en rêve j'étais entièrement sublimée
j'avais l'impression de vivre dans un délire,
un délire dont je lui étais reconnaissante,
même si un soupir plein de larmes
venait parfois faire trembler les étoiles,
je lui ai dit mes choses les plus belles.
Et je lui ai dit mes choses les plus pures,
les présentes, les passées, les futures,
tant et tant que la noire magie m'a anéantie
il croyait que j'étais sincère.
Et sincère je l'étais et je le suis toujours,
c'est seulement que la soif de le voir
ne me semble pas digne de pardon,
c'est pourquoi je te confie ce destin :
celui de rencontrer mon amour sur ton chemin.

# [V]

So bene Oreste che tu lo vedrai,
che lo potrai tu prendere alle spalle
mentre io pura sto dentro in un letto
ove non ho piacere né diletto
perché lui non mi vuole mai vedere,
lui da me non si prese alcun piacere
e piango e rido di codesta sorte,
e anelo solo a una profonda morte.
Ecco caro Macrì la storia mia e di Pierri.
Grazie amico caro di avermi
ascoltata.

E per vederlo io darei il mio nome
e mille e mille e piú sante corone.

# [V]

Je sais bien, Oreste, que tu le verras,
que tu pourras le saisir par surprise
pendant que je resterai pure dans un lit
où je n'aurai ni plaisir ni délice
parce qu'il ne veut jamais me voir,
lui qui n'a pris aucun plaisir de moi
et je pleure et je ris de ce sort,
et je n'aspire qu'à une profonde mort.
Voici, cher Macrì, l'histoire de Pierri et la mienne.
Merci cher ami de m'avoir
écoutée.

Et pour le voir je donnerais mon nom
et mille et mille saintes couronnes.

*Il libro di Cosimo*

**Le livre de Cosimo**[1]

# Apocalisse

*A Maria Pia Quintavalla*

E venne il tempo dell'Apocalisse,
quando quello stampato sulla porta
mi divenne disegno di dolore,
numero aperto dell'infame attesa,
e la donna che in pianto conclamava
le catene dell'odio aveva fame
della sutura satura di Dio;
venne la veglia ove le cose infami
profanavano bocche virginali,
ed esangui le tenere donzelle
soggiacevano ai maschi incestuosi,
e là, infami dannate sulla pietra
volgevano la testa oltre il desio,
la torcia mi gravò sopra le ciglia,
insanguinava le mie gote appena
sfiorate dal passato.

# Apocalypse[2]

*À Maria Pia Quintavalla*[3]

Et vint le temps de l'Apocalypse,
quand ce qui était imprimé sur la porte
est devenu pour moi signe de douleur,
un numéro ouvert de l'infâme attente,
et la femme qui en larmes réclamait
les chaînes de la haine avait faim
de la suture saturée de Dieu ;
venait la veillée où des infamies
profanaient des bouches virginales,
et où de tendres et inoffensives jeunes filles
étaient soumises à des mâles incestueux,
et là, infâmes damnées sur la pierre,
elles tournèrent la tête au-delà du désir,
la torche brûlait au-dessus de mes cils,
elle ensanglantait mes joues
à peine effleurées par le passé.

# Tradimento

Se tu sei stato amore mio il mio fiore
ora sei diventato un grande spino,
se sei stata quell'aria benedetta
che cavava da me torsi di mele
ora sei diventato la mia schiava,
bara di sangue cui sto aggrovigliata
in un perenne assurdo tradimento
ma il nitrito scavalca la tua fronte
e raggiunge le veglie del Signore
e sonorizza il tuo peccato appieno,
pescatore di frode maledetta.

# Trahison

Si tu as vraiment été mon amour, ma fleur
maintenant tu es devenu une grande épine,
si tu as vraiment été cet air béni
qui a extrait de moi des trognons de pomme
maintenant tu es devenu mon esclave,
cercueil de sang où je suis recroquevillée
dans une absurde et éternelle trahison
mais un hennissement t'échappe
et parvient aux oreilles du Seigneur
et fait retentir pleinement ton péché,
maudit pêcheur frauduleux.

## A P.

Io compiango il tuo alto tradimento,
ché soltanto Caino può parere
amico del demonio, mentre invece
si scava nella pietra le ginocchia
e non preme piú l'erba né si dorme
sopra i cigli del fosso che la neve
lo solca del suo morbido abbandono,
gelo di morte che non ha confine.

# À P.

Je plains ta grande trahison,
parce que seul Caïn peut apparaître
ami du diable, tandis qu'au contraire
on écorche nos genoux sur la pierre
on ne perçoit plus l'herbe, on ne dort plus
sur les bords du fossé que la neige
sillonne de son doux abandon,
d'un froid mortel qui n'a pas de limites.

## Ma lei, la madre che si addormentava

Ma lei, la madre che si addormentava
sul ciglio facoltoso del peccato,
giungeva triste a quella sua ruina
e Amleto la vegliava dentro l'erba,
e cosí io ti veglio amore mio,
piena di scabre pietre di perdono,
e perché so, di ira solamente
ho perso la mia era:
non ho spirali dense come pietre
da scagliarti alla fronte maledetta.

# Mais elle, la mère qui s'est endormie

Mais elle, la mère qui s'est endormie
sur le bord opulent du péché,
a malheureusement couru à sa perte
Hamlet veillait sur elle dans l'herbe,
et ainsi je veille sur toi mon amour,
pleine des pierres sèches du pardon,
et parce que je sais, par la colère seule,
que j'ai perdu mon époque :
je n'ai pas d'éclairs denses comme des pierres
à lancer sur ton front maudit.

## Ofelia, che dorava le mie notti

Ofelia, che dorava le mie notti
portando al seno il carro verginale,
della rosa portò la dolce chioma
e chiese ove si andasse ad abitare
la divina follia poiché trionfo
aveva dello scavo degli dei;
l'amletica Ofelia domandava
parola di abbandono ed ecco, eccelsa
nel campo adusto davanti la luna,
ogni usignolo che fioriva sul ramo.

# Ophélie, qui illuminait mes nuits

Ophélie, qui illuminait mes nuits
en portant sur sa poitrine le char virginal,
de la rose elle apportait la douce couronne
et elle demandait où nous allions héberger
la folie divine qui triomphait
du terrassement des dieux ;
l'hamlétique Ophélie réclamait
une parole d'abandon et la voici, sublime,
dans le champ fatigué face à la lune,
tous les rossignols fleurissant sur la branche.

# Cristo discese nella madreselva

Cristo discese nella madreselva
portando un unguento di parole,
fumiga dall'alto il bel destriero
dell'amletico padre e devastato
nella fronte il bel principe chiedeva
novità dall'inferno; ed ecco il dubbio
innamorato del mio divo amore
sopra cui questi zoccoli divini
stampano le foglie: aggrovigliato
al senno della madre, trascinando
Ofelia nei capelli, egli moriva
paggetto dell'amore angoscioso.

# Le Christ est descendu dans la grande forêt

Le Christ est descendu dans la grande forêt
apportant un baume de paroles,
il fumait d'en haut le beau destrier
du père d'Hamlet, et le front dévasté,
le beau prince réclamait
des nouvelles de l'enfer ; et voici le doute
amoureux de mon amour divin
sur lequel ces sabots divins
marquent leur empreinte : s'agrippant
au sein de la mère, traînant
Ophélie par les cheveux, il mourait
en valet de l'amour angoissé.

# Apriti amore (poesia erotica)

*A V. Scheiwiller da A. Merini*

Apriti amore e fammi vedere il sesso
dove fiorisce il senso del pudore,
sono Saffo infinita
che vuole annegarsi nel tuo germe pallido:
a me i sussurri delle pietre lontane,
a me il galoppo dei tuoi cavalli!
Orfeo che grondi fiori,
guarda e patisci dei suoi fianchi segreti
e Venere che incalza
sul piedestallo delle memorie giovani;
il cantare mitico diventa musica
dentro i tuoi occhi.

# Ouvre-toi à l'amour (poésie érotique)

*À V. Scheiwiller de la part d'A. Merini*

Ouvre-toi à l'amour et montre-moi le sexe
où fleurit le sens de la pudeur,
je suis Sappho l'infinie
qui veut se noyer dans ta pâle semence :
à moi les murmures des pierres lointaines
à moi le galop de tes chevaux !
Orphée, toi qui ruisselles de fleurs,
regarde et souffre de ses secrètes hanches
et Vénus qui se presse
sur le piédestal des jeunes souvenirs ;
le chant mythique devient musique
dans tes yeux.

# La maladie

*A D. Vanni*

Anche la malattia mentale è presente,
oscuro vaniloquio di metallo,
anche la malattia mentale « ti ama »
lei ha un voluminoso corpo di amore
eppure è ridondante...

Anche la malattia mentale patisce
della tua tenera discendenza,
ti stende immobile sopra un letto,
ti sussurra parole lente
(è vano il discolparsi),
lei è la protagonista del tuo sangue,
la malattia mentale è l'Arcata Maggiore
e l'Archita divino impervio,
è l'anima della parola.

# La maladie[4]

À D. Vanni

Ainsi la maladie mentale est présente,
obscur verbiage de métal,
ainsi la maladie mentale « t'aime »,
elle a un corps volumineux d'amour
et pourtant elle est redondante...

Ainsi la maladie mentale souffre
de ta tendre progéniture,
elle te maintient immobile sur un lit,
elle te murmure de lentes paroles
(il est vain de se disculper)
elle est la protagoniste de ton sang,
la maladie mentale est l'Arche Majeure
et l'impénétrable Archytas[5] divin,
elle est l'âme de la parole.

# Non lotta, non evoluzione

La tua soavità – un giogo
inavvertito, anzi nascosto,
quasi un ladro nella notte.

Ed eccomi a inutile lotta,
al sequestro di persona
a me piú cara;
                e al possibile
riscatto – senz'alcun dubbio
credere in te soave e su
tutto e tutti piú amarti
(e a segno sicuro che sei
in sue mani, un frammento
giunge delle sue ossa).

Non lotta, non evoluzione
progressiva potrà sciogliere
un tale laccio d'amore.

# Aucune lutte, aucun changement[6]

Ta douceur – un carcan
imperceptible, ou plutôt caché,
presque un voleur dans la nuit.

Et me voici parvenue à une lutte inutile,
à l'enlèvement de la personne
la plus chère à mes yeux ;
                                    et à une possible
rançon – sans aucun doute
croire en ta douceur et au-delà de tout
et de tous t'aimer davantage
(et pour preuve certaine que tu es
entre ses mains, un fragment
de ses os te parvient).

Aucune lutte, aucun changement
dans le temps ne pourront déjouer
un tel piège d'amour.

# Il tuo primogenito

Il tuo primogenito (a cui non si ferma
la genesi – e che trascuriamo),
il prima del pieno, il creato
(dall'increato?) contenitore –

il primo amato che rievochi
amando in ogni creatura
svuotando dell'amato chi ama –
hai con lui creato il castigo,

la follia del vuoto scavato
dai ricordi dell'amore perduto,
il dirupo senza fine di Satana,
il peccato il peccato.

Ma Cristo per noi non v'è risalito?
(salvi me e chi amo).

# Ton premier-né

Ton premier-né (qui a ouvert
la genèse – et que nous négligeons),
le premier de l'ensemble, celui qui a été créé
(par l'incréé ?) créateur –

le premier être cher dont tu te souviens
en aimant chaque créature
en vidant l'amant qui aime –
tu as créé avec lui le châtiment,

la folie du vide excavé
par les souvenirs de l'amour égaré,
le précipice sans fin de Satan,
le péché le péché.

Mais le Christ n'est-il pas revenu pour nous ?
(sauve-moi et sauve ceux que j'aime).

# Caro io e te siamo soli

*A mio marito Ettore*

Caro, io e te siamo soli,
        i nostri profili si stagliano contro il vento
da innumeri anni ormai,
        ci teniamo per mano
    come andassimo al giudizio di Dio
        che tarda troppo a venire;
    per anni siamo stati associati alla morte,
    per anni ci siamo guardati in viso
        confondendo la nostra aspettazione
    e io ho raccolto ogni tuo strascico di anima,
    me ne son fatta un forte mantello,
    perché io e te siamo soli,
        nessuno che ci ami profondamente e forte,
        nessuno che ci ripari dal destino
    e allora abbiamo la pelle bruciata dal vento,
    dalle piogge, dal sole,
    perché tacendo abbiamo fatto un lungo discorso
        con l'Eterno, con Dio,

# Mon chéri toi et moi nous sommes seuls

*À mon mari Ettore*[7]

Mon chéri, toi et moi nous sommes seuls,
        nos silhouettes s'élèvent au-dessus du vent
depuis de nombreuses années maintenant,
       nous nous tenons la main
    comme si nous nous rendions au jugement de Dieu
      qui tarde trop à venir ;
    depuis des années nous sommes liés à la mort,
    depuis des années nous nous regardons en face
      en confondant nos attentes
    et j'ai recueilli toutes les traces de ton âme,
    je m'en suis fait un manteau solide,
    parce que toi et moi nous sommes seuls,
      personne pour nous aimer fort et profondément,
      personne pour nous protéger du destin,
    et puis notre peau est brûlée par le vent,
    par la pluie, par le soleil,
    parce qu'en silence nous avons eu une longue conversation
      avec l'Éternel, avec Dieu,

perché, amor mio, purtroppo
io e te siamo soli
e gli angeli sono distanti.

*1981*

parce que mon amour, malheureusement,
toi et moi, nous sommes seuls,
et les anges sont loin.

*1981*

*Confusione di stelle*

**Confusion des étoiles**

# Cantica di amore

*A Michele Pierri*

Io ti amo nelle cose semplici e pure,
in tutto ciò che è elementare e sacro,
nelle acque vergini, nelle polle sublimi,
ti amo nella madre terra,
e nel mio grembo sconfitto,
ti amo nella mia poesia
e nella mia umiltà mai redenta,
ma soprattutto ti amo perché sei un poeta
come me e mi comprendi
e come due teneri uccelli
ci avvicendiamo sull'albero
pronti per gli sponsali.

*Natale 1982*

# Cantique d'amour

*À Michele Pierri*

Moi je t'aime dans les choses les plus simples et pures,
dans tout ce qui est élémentaire et sacré,
dans les eaux vierges, dans les sources sublimes,
je t'aime dans la terre-mère,
et dans mon ventre vaincu,
je t'aime dans ma poésie
et dans mon humilité jamais défaite,
mais surtout je t'aime parce que tu es un poète
comme moi et tu me comprends
et comme deux tendres oiseaux
nous nous rapprochons de l'arbre
pour la célébration de notre union.

*Réveillon de Noël 1982*

# Psicanalisi

Se lo psicanalista ammalato
smettesse di versare argento
sulle parole infuocate,
smettesse di studiare musica
traendo mutevoli inganni,
allora scoprirebbe l' anima
e la centrale del male.
Forse che lui è obbiettivo
o molto miope è,
forse che trangugia balsami,
sostanze tossiche e male,
per questo non vede le vene,
ma lo psicanalista stregato
ha le somme di tutti i misteri,
è un computer metallizzato
ed io che sto lievitando
sopra il suo letto di attesa,
soffro di innalzamenti
perché inseguo la mia memoria,
e cosí due discorsi diversi
traversano quelle stanze
né lui riesce a capire
quanto sia fuori da Freud.

# Psychanalyse

Si le psychanalyste malade
arrêtait de verser de l'argent
sur les paroles ardentes,
s'il arrêtait d'étudier la musique
en profitant des pièges changeants
il découvrirait alors l'âme
et le noyau du mal.
Peut-être qu'il est objectif
ou peut-être très myope,
peut-être qu'il se nourrit des baumes,
des substances toxiques et du mal,
c'est pour cela qu'il ne voit pas les veines,
mais le psychanalyste ensorcelé
détient la somme de tous les mystères,
c'est un ordinateur métallique
et moi qui suis en train de léviter
sur son lit en attendant,
je souffre d'élévation
parce que je cours après ma mémoire,
et ainsi deux discours différents
traversent ces pièces
et lui ne parvient pas à comprendre
combien il est loin de Freud.

# Canto di grazie per Oreste Macrì

Hai versato una coppa di olio
e balsami profumati
su un cuore divorato dalle fiamme,
Oreste: sappi che il nome
dell'uomo amato non giunge
oltre la carità,
sappi che l'amore di Pierri
è fiamma dell'alto ingegno,
sappi che una povera donna
piange su mille dracme
il valore infelice della vita.

# Chant de grâce pour Oreste Macrì

Tu as renversé une coupe d'huile
et de baumes parfumés
sur un cœur dévoré par les flammes,
Oreste : sache que le nom
de l'être aimé ne va pas
au-delà de la charité,
sache que l'amour de Pierri
est une flamme de haut esprit,
sache qu'une pauvre femme
pleure sur mille drachmes
la valeur misérable de la vie.

# Pierri ed io eravamo amici

Pierri ed io eravamo amici
ma suonavamo il flamenco della sua anima.
Pierri amava me
perché amava la sua poesia,
sapeva Pierri che era il nocciolo duro
delle cose che non si contano.
Lui, la mia matrice di sogno,
adesso ha le occhiaie vuote
e geme dentro al sonno,
lui, che era siccome un Albero,
adesso non dà piú frutto
ma ghiande solo di pianto.
Pierri ed io eravamo due divini levrieri,
abbiamo rincorso la morte di Ettore
per poterla atterrare,
ma la selvaggina di Dio
è pur svelta a fuggirci dalle mani.

# Pierri et moi nous étions amis

Pierri et moi nous étions amis
mais nous dansions le flamenco de son âme.
Pierri m'aimait
parce qu'il aimait sa poésie,
Pierri savait qu'il était le noyau dur
de choses innombrables
Lui, ma matrice de rêves,
maintenant ses cernes sont vides
et il gémit dans son sommeil,
lui, qui puisqu'il était un Arbre[1],
maintenant ne donne plus de fruits
mais seulement des glands pleins de pleurs.
Pierri et moi, nous étions deux lévriers divins,
nous avons chassé la mort d'Ettore[2]
pour pouvoir la terrasser,
mais le gibier de Dieu
est prompt à nous claquer entre les doigts.

# Come Minerva Jones

Come Minerva Jones,
anche io ero assetata di amore,
come Minerva Jones,
anche io morii di putrido parto,
né tu amore potrai mai percepire
cosa sia l'essenza di un bacio.

Tu non hai visto mai il mio lato in fiore!

*(dal Diario di Spoon River)*

*14 febbraio 1983*

# Comme Minerva Jones

Comme Minerva Jones,
moi aussi j'avais soif d'amour,
comme Minerva Jones,
moi aussi, je suis morte d'un accouchement putride,
et tu ne pourras jamais, mon amour, percevoir
quelle est l'essence d'un baiser.

Tu n'as jamais vu ma face fleurie !

(du *Journal de Spoon River*[3])

*14 février 1983*

# Ma la morte

*A O. Macrì*

Ma la morte è pur sempre il segnale delle nostre esistenze,
se guardiamo al pallido andare
dei nostri remoti ricordi
troveremo lo scalpello per la parola Ade
e l'interna paura che il frammento del nostro corpo
vada perduto.
Ma se arretriamo nella nostra canzone
troveremo la tristezza che ci fa morire
anche se è sentimento di amore,
tutto brucia e corrompe.
Oh la morte è il nostro alveolo solo,
quello che non indietreggia davanti a nulla,
è in fondo il nostro scudo mortale
davanti alle perlustrazioni di Dio.

*4 maggio 1985*

# Mais la mort

*À O. Macrì*

Mais la mort demeure pour toujours le symbole de nos existences,
si nous regardons vers les pâles sentiers
de nos lointains souvenirs
nous trouverons un scalpel pour le mot Enfer
et la peur intérieure qu'un fragment de notre corps
soit perdu.
Mais si nous revenons à nos chansons
nous trouverons la tristesse qui nous fait mourir
même si c'est un sentiment d'amour,
tout brûle et se corrompt.
Oh la mort est notre seule alvéole,
celle qui ne recule devant rien,
c'est au fond notre bouclier mortel
face aux patrouilles de Dieu.

*4 mai 1985*

# Maestro

Ma se tu maestro dici che la mia poesia non è etica
sbagli, perché io commetto un errore di sale,
un errore di pronuncia e di zelo
e invece di pronunciare Dio
dico la parola *uomo*,
allora perdo la misura del mio incombente equilibrio
e mi sento satura come fossi drogata
e da questa confusione di stelle
nasce la parola amore.

# Maître

Mais si toi, maître, tu dis que ma poésie n'est pas éthique
tu te trompes, parce que moi je fais une erreur de sel,
une erreur de prononciation et de zèle
et au lieu de prononcer Dieu
je dis le mot *homme*,
alors je perds la mesure de mon équilibre imminent
et je me sens submergée, comme si j'étais droguée,
et de cette confusion d'étoiles
naît le mot amour.

# Albertina

Sei un ninnolo semplice, una cornamusa leggera,
la donna che fa silenzio
al crocevia dell'uomo:
tutte le donne sono adoratrici
in quanto dispensano amore
e forse lo offrono senza parlare,
ma la meretrice è uguale alla Maddalena
e la Maddalena era prediletta dal Cristo.

# Albertina[4]

Tu es un simple bibelot, une cornemuse légère,
la femme qui reste silencieuse
à la croisée des chemins de l'homme :
toutes les femmes sont des adoratrices
puisqu'elles dispensent de l'amour
et peut-être qu'elles en offrent sans parler,
mais la prostituée est semblable à Marie-Madeleine
et Marie-Madeleine a eu les faveurs du Christ.

# Padre

*A Oreste Macrì*

Padre, io ti ho perduto negli orrori del manicomio
e l'eclissi è stata tremenda,
cosí tremenda che non ho ricordo di un angelo,
il solo che potesse starti alla pari,
e qui vengo a parlarti del demonio:
mi sono accasciata sulla sua isola rossa,
è duro ed infame il nostro rapporto,
ma è lui che mi tiene in catene
affinché io non ti cerchi.

Fuori dal mondo io ho trovato un'isola
e si chiama Michele
ma dentro il mondo io trovo il fango delle mie delusioni
e allora allora che fare,
io e Michele viviamo nel limbo,
vogliamo conoscere la tua Patria.

# Père

*À Oreste Macrì*

Père, je t'ai perdu dans les horreurs de l'asile
et l'éclipse fut terrible,
si terrible que je n'ai pas même le souvenir d'un ange,
le seul qui pourrait être ton égal,
et me voici pour te parler du diable :
je me suis effondrée sur son île rouge,
et notre relation est dure et infâme,
mais c'est lui qui me tient enchaînée
pour que je ne te cherche pas.

Hors de ce monde, j'ai trouvé une île
et elle s'appelle Michele
mais à l'intérieur du monde je tombe dans la boue de mes
    désillusions
et alors et alors que faire,
Michele et moi vivons dans les limbes,
nous souhaitons connaître ta Patrie.

# Ai critici

*Per una mostra di* ******

Siate piú clementi con noi,
voi non conoscete i voli dei nostri silenzi
né conoscete gli abbandoni della luce remota,
vi fermate all'insufficienza di un tropo,
a una pennellata che odora diversa,
ma non potete cogliere la nostra anima
cosí come parole forsennate
e l'esempio lucido dei farisei
non potevano cogliere il sudore del Cristo.
Siate piú clementi con i poeti
che odorano di sangue e di luce
e innervate le vostre parole
sull'innocenza delle loro illusioni,
inutile costruire un assaggio – algebra
dove trascorre solamente il sogno,
inchinatevi alla poesia
cosí come a un cominciamento di Dio,
allora tutto sarà perfetto.

# Aux critiques

*Pour une exposition de* \*\*\*\*\*\*

Soyez plus cléments avec nous,
vous ne connaissez pas les envolées de nos silences
vous ne connaissez pas les abandons de la lumière lointaine,
vous vous arrêtez à l'insuffisance d'un tropisme,
à un coup de pinceau qui semble différent,
mais vous ne pouvez pas saisir notre âme
de même que la frénésie de la parole
à l'exemple lucide des Pharisiens
qui ne pouvaient saisir la sueur du Christ.
Soyez plus cléments avec les poètes
qui hument le sang et la lumière
et innervez vos mots
de l'innocence de leurs illusions,
il ne sert à rien d'élaborer un essai – algèbre
où vous ne conservez que le rêve,
prosternez-vous devant la poésie
comme au commencement de Dieu
alors tout sera parfait.

# Tanto rumore...

Tanto rumore si fa per un oggetto
caro smarrito e perché non t'interroghi
prevedendo la fine dell'intero
tuo corpo?
      E non è vero che non c'è nulla
da fare, altra terra può darsi sferica
e dall'oceano dell'ovest insistendo
sulla via studiata giusta verranno
incontro segni in volo che già conosci.

# Tant de bruit...

Tant de bruit se forme pour un objet
perdu et précieux et pourquoi ne t'interroges-tu pas
en prévoyant la fin de ton corps
tout entier ?
            Et ce n'est pas vrai qu'il n'y a rien
à faire, il y a peut-être une autre terre sphérique
et depuis l'océan à l'ouest si l'on continue
de suivre le bon chemin viendront à nous
des signes aériens que tu connais déjà.

# Un'eccezione

Si mutarono in sogni (e mortil) i migliori
pensieri; un'eccezione ancora intatta
è quella per te dovuta alla tua nascita
di sogno senza risveglio, e non d'altra
sostanza è fatta d'amore la follia
che unisce l'universo.

# Une exception

Elles se sont transformées en rêves (et en morts)
les meilleures pensées ; une exception pour toi demeure
c'est celle due à ta naissance
d'un rêve sans éveil, et de la seule substance
d'amour est constituée la folie
qui régit l'univers.

# Incredibile compenso

Al risveglio persiste nel tuo occhio
il sogno d'angoscia nel donarti
a chi non t'ama perdutamente
e ti giunge l'incredibile compenso,
la celeste grazia d'una poesia sull'odio
e rosea piú che rosso sangue.

# Une incroyable compensation

Au réveil, persiste dans ton regard
le rêve angoissant de te donner
à quelqu'un qui ne t'aime pas éperdument
et vient à toi l'incroyable compensation,
la grâce céleste d'un poème sur la haine
bien plus rose que rouge sang.

# Invidiavi

Invidiavi (quasi) i morti che la morte
appieno conoscono, e nell'approssimarsi
di questa ora ti accorgi che sempre
è piú niente, sempre piú niente
e quasi te ne infischi. Senonché
quel pungiglione le resiste
che Paolo ha vanamente smentito.

# Tu enviais

Tu enviais (presque) les morts qui de la mort
sont fins connaisseurs, et à mesure qu'approche
cette heure dernière tu te rends compte que pour toujours
il n'y a plus rien, pour toujours plus rien
et tu t'en fiches presque. Sauf qu'il y a
cet aiguillon qui résiste à la mort,
ce que Paolo[5] a vainement démenti.

# Eguali come è possibile

Eguali come è possibile
nell'amicizia e combacianti come
nell'amarsi, e nell'incontro
appare la distinzione che piú
unisce – ed hai le astute premesse
del peggiore castigo da infliggermi,
e come mai non ti accorgi
che nell'allontanarti sei come la donna
affamata biblica che divora
i figli delle sue viscere?

## Aussi égaux que possible

Aussi égaux que possible
dans l'amitié et la correspondance comme
dans l'amour mutuel, et dans la rencontre
apparaît la différence qui unit le mieux
— et tu tiens les prémisses astucieuses
du pire châtiment à m'infliger,
et comment se fait-il que tu ne te rendes pas compte
qu'en t'éloignant tu es comme la femme
biblique et affamée qui dévore
les enfants de ses propres entrailles ?

# Anche se il corpo cede

Anche se il corpo cede, ho il dovere
di insistere nella mia difesa?
Lo chiedo senza risposta a te nuda
di ogni materia.
Sarò come te ora
e questo mi ripara
col mio deserto
assoluto
dal deserto omicida altrui
e potrà allucinarmi l'immagine nuziale
d'un fiore capovolto;
ma come coglierlo
e farlo nostro nell'immobilità dell'anima,
un'esperienza mai vissuta?

# Même si le corps lâche

Même si le corps lâche, ai-je le devoir
de persister dans ma défense ?
Je le demande sans avoir de réponse, dénuée pour toi
de toute matière.
Je serai comme toi maintenant
et cela me protège
avec mon désert
d'absolu
hors du désert meurtrier des autres
et il me donnera le mirage de l'image nuptiale
d'une fleur renversée ;
mais comment la cueillir
et la faire nôtre dans l'immobilité de l'âme,
cette expérience jamais vécue ?

## *Poesia per Albertina*

## Poésie pour Albertina

*À Albertina Macrì*[1]

## [1]

Albertina
    coperta dal velo caldo
                dell'intima sofferenza,
        invecchiata sulla ghiaia del sole:
    solamente una piccola rondine
                poteva somigliarti.
Cosí, il tuo scialle devoto
        ti copre le caviglie
        e hai un brivido di meraviglia
        e di accorate vanità – tristezze –
        quando ti tocchi le tue
                trecce morbide.

**[1]**

Albertina
    couverte par le voile chaud
                de la souffrance intime,
      vieillie sur les graviers du soleil :
  seule une petite hirondelle
          pourrait te ressembler.
Ainsi, ton fidèle châle
    te couvre les chevilles
    et tu as un frisson d'émerveillement
    et de vanités affligées – tristesses –
    quand tu touches tes
          douces tresses.

**[2]**

Del tuo essere giovane e
                    selvaggia,
Albertina, non ricordi piú nulla,
ma quel tuo primo amore
                    ha una parola
dolce di perla nello stanco
                    seno.

*1986*

**[2]**

De ta jeunesse passée et
                    sauvage,
Albertina, tu ne te souviens plus de rien,
mais de ton premier amour
                    tu retiens un mot doux
qui perle sur ta poitrine
                    épuisée.

*1986*

# Albertina che nome caro

Albertina che nome caro,
                    per il ventre di rosa maggiolina,
quante squisitezze segrete
                    e che sciami di rondini ai tuoi piedi!
        Eri librata nell'aria,
                    eri una canzone di ieri?
            Che cos'eri Albertina
        se non la mano materna
                    coronata di pizzi e di merletti.
                    (Albertina fa rima con Regina).

# Albertina, quel nom précieux

Albertina, quel nom précieux,
          pour le ventre d'une rose de mai,
combien de délices secrets
          et d'essaims d'hirondelles à tes pieds !
     Tu étais libre dans l'air,
          étais-tu une chanson d'hier ?
     Qu'étais-tu Albertina
     sinon la main maternelle
          couronnée de lacets et de dentelles.
               (Albertina rime avec Regina).

# Oh i poeti avrebbero detto meraviglie di te

*Ad Albertina Macrì*

Oh i poeti avrebbero detto meraviglie di te
se soltanto ti avessero saputo
ed io ti avrei dato i miei figli:
so che il grembo è aperto
a tutte le generazioni future,
so che sei la fonte che germina perenne,
ridendo cosí tra i boschi
per le storie dei satiri gentili.

# Oh bien des poètes auraient dit des merveilles de toi

*Pour Albertina Macrì*

Oh bien des poètes auraient dit des merveilles de toi
si seulement ils t'avaient connue
et je t'aurais donné mes enfants :
je sais que le ventre est ouvert
à toutes les générations futures,
je sais que tu es la source qui germe éternellement,
en riant ainsi à travers les bois
pour les histoires de gentils satyres.

## Avrei voluto chiamarmi come te

Avrei voluto chiamarmi come te,
non col mio nome battagliero e forte,
perché tu sei mitezza e nostalgia,
tu non vuoi comparire eppure scendi
come una stella per le nostre alture,
e i poeti che fanno? Come me,
t'offrono oro che è solo vetro,
non di puro cristallo come sei.

# J'aurais aimé m'appeler comme toi

J'aurais aimé m'appeler comme toi,
pas de mon nom combatif et fort,
parce que tu es douceur et nostalgie,
tu ne veux pas apparaître et pourtant tu descends
comme une étoile pour nos hauteurs,
et que font les poètes ? Comme moi,
ils te proposent de l'or qui n'est que du verre pilé,
et non du pur cristal comme toi.

# Prose

# Il racconto del dopo

Ci si illude quando si esce dalla tenebra di trovare la luce, ma non è cosí, spesso il piede della montagna è piú genuino della vetta e la vetta non è che spazio, vuotaggine, cosa che non personifica nulla, una cosa insomma incerta e vanificante.

Cosí ero i quando venni dimessa prima dall'O.P. e dopo, ulteriormente, dalla morte.

Si fa un gran parlare di fatti che avvengono dopo la morte e di fatto ne portiamo il retaggio in vita. I pitagorici erano sepolti per morire alle loro bramosie, ai loro desideri, anche noi insomma venivamo iniziati ad un mistero e di questo ne sono ragionevolmente convinta. Ma come approdai alle rive dello Ionio, questo è degno forse di un commento di Ulisse e per quale richiamo sapiente ma anche avulsivo ci venni, questo è altrettanto misterioso ed eloquente, come eloquente è la successione del fato. I venti e i veli della mia immaginazione erano superbi, ero incantevole, ero una regina stupenda e astratta ma il sapore della carne era ebbro e i baccanali appena trascorsi dai miei anni ormai limitati.

Mi innamorai di un poeta che mi stava alle ginocchia da sempre con la sua lira piccola e gradevole in osservanza alle leggi dei miei

# Le récit d'après[1]

Lorsque nous sortons de l'obscurité, nous nous trompons en pensant que nous allons trouver la lumière, ce n'est pas le cas, souvent le pied de la montagne est plus authentique que le sommet et le sommet n'est rien d'autre que de l'espace, du vide, quelque chose qui n'existe pas, qui ne personnifie rien, c'est dans le fond quelque chose d'incertain et de vain.

C'est comme ça que j'étais quand j'ai été libérée de l'hôpital psychiatrique, et puis, ultérieurement, de la mort.

On parle beaucoup des événements qui se produisent après la mort et, en fait, nous en portons l'héritage dans notre vie. Les pythagoriciens étaient enterrés pour mourir face à leurs ambitions, à leurs désirs, et nous aussi étions initiés à un mystère, de ceci je suis raisonnablement convaincue. Mais comment ai-je débarqué sur les rives de la mer Ionienne[2], cela est peut-être digne d'un commentaire d'Ulysse, et par quelle sage incitation mais aussi par quel sacrifice j'y suis parvenue, cela aussi est mystérieux et éloquent, comme est éloquent l'accomplissement du destin. Les vents et les voiles de mon imagination étaient superbes, j'étais ravissante, j'étais une reine magnifique et abstraite et le goût de la chair m'enivrait mais les bacchanales venaient de s'achever du fait de mes années désormais limitées.

Je suis tombée amoureuse d'un poète qui était à mes genoux depuis toujours avec sa petite et ravissante lyre, obéissant aux lois

occhi. Vivendo sulle isole Eolie eravamo quasi conterranei ma non tanto da non notare che le abbronzature delle nostre fronti erano diverse. Il cantore era assai più vecchio di me ed assai più saggio, ma io che ancora scontavo il tempo del divino e del giovane non volevo far uso di questa saggezza, bensí solo del canto che era ancor giovane e fresco e salutare anche alle membra e agli orecchi. Mi innamorai insomma di Michele Pierri favorita prima da qualche cosa di profondamente civile e poi dall'ala purpurea del gioco metrico, sicché le nostre nozze furono apologetiche, invase di filtri di mimosa, terrificate all'idea di apparire nozze che non fossero principesche e poi il graduale aumento delle nostre sillabe baciate sulle nostre stesse labbra prese e riprese dai nostri stessi conciliaboli amorosi.

La casa di Michele è luterana, assai severa, un tempio ateo dove Dio è assolutamente assente. Vi si respira odore di ordine e di silenzio e una salutare presenza di un'anima mite appena trapassata all'eterno. Io sono molto sensibile alle presenze terrestri, figuriamoci a quelle dei santi.
Le sedie sono alte, cavernose, pesanti, il tavolo è un refettorio chiuso per soli frati eletti a libagioni perfette. Re Artú è presente, immobile, severo e implorante a capotavola. Il letto è caracollante, male assortito agli incontri di spada ardente di amore ma con un po' di frenesia ci si può avvicinare al vento.
Ma la sala da pranzo presuppone l'assenza di tutti.
La prima volta che mi sedetti a tavola ero convinta di essere Salentina o più propriamente di essere Amalasunta. Sfidavo il mio seduttore omicida a disfiorarmi il collo. Feci mettere qualche fiore per ingentilire l'ambiente e soppiantai tutti i ricordi funerei ma la casa non dava segni di vita. Michele abitava più o meno nel suo tabernacolo folto di amarezze e di impegni interiori, sembrava un

de mes yeux. Vivant sur les îles Éoliennes, nous étions presque des compatriotes, mais pas au point de ne pas remarquer que le bronzage de nos fronts était différent. Ce troubadour était beaucoup plus âgé que moi et beaucoup plus sage, mais moi, qui étais encore dans l'époque de la divinité et de la jeunesse, je ne voulais pas user de cette sagesse, mais seulement profiter de son chant qui était encore jeune et frais et bienfaisant pour les membres et les oreilles. Bref, je suis tombée amoureuse de Michele Pierri, entraînée d'abord par quelque chose de profondément courtois et ensuite par l'aile pure du jeu métrique, de sorte que notre mariage fut apologétique, envahi par des philtres de mimosa, terrifié d'apparaître comme un mariage qui ne soit pas royal et puis il y a eu un accroissement progressif de syllabes embrassées sur nos lèvres qui se mêlaient et s'entremêlaient lors de nos conciliabules d'amour.

La maison de Michele est luthérienne, très austère, c'est un temple athée où Dieu est absolument absent. On peut y sentir l'odeur de l'ordre et du silence et la présence saine d'une âme douce qui vient de trépasser. Je suis très sensible aux présences terrestres, et encore plus à celles des saints.

Les chaises sont hautes, ténébreuses, lourdes, la table est dans un réfectoire fermé réservé seulement aux frères élus pour de parfaites libations. Le roi Arthur est présent, immobile, sévère et implorant en bout de table. Le lit est bancal, peu approprié aux duels avec l'épée brûlante de l'amour mais, avec un peu de frénésie, on peut se rapprocher du vent.

Mais la salle à manger était pleine de l'absence de tout le monde. La première fois que je me suis assise à table, j'étais convaincue d'être Salentine[3], ou plus précisément d'être Amalasunta[4]. Je défiais mon séducteur homicide d'effleurer[5] mon cou. J'ai fait planter quelques fleurs pour adoucir l'environnement et remplacer tous les souvenirs funéraires mais la maison ne montrait aucun signe de vie. Michele habitait plus ou moins dans son tabernacle plein d'amertume et de commandements, il apparaissait comme

sovrano attento a muovere le strategie della guerra. Io avevo come unico compagno il telefono e il muro imponderabile che stava di fronte al letto. Mi sentivo circondata di fiori, in quanto Michele aveva fatto di me la sua musa. Per passare il tempo contavo il numero dei proci che avrebbero potuto sedersi a mensa ma non mi tornava il conto. Cosí crebbi in un anfiteatro romano e anche se ero cresciuta ormai, ridivenni bambina perché quella casa era enorme e spettacolare.

Gli affetti erano molti e bene distribuiti tra i vari paladini di Re Artú, vi si contavano anche i pretendenti al trono ed io ero la regina indesiderata di tanta abbondanza emotiva. Nondimeno vestivo i miei abiti di regale silenzio e cercavo di non impietosire nessuno per il mio esilio. Ma alla tavola rotonda mancavano i conversatori eruditi. Il cimento era spoglio, ardue le cavalcature, cosí ci limitammo a dare esempio di pace ma anche questa non venne, perché la pace viene dopo un sollevamento di guerra e guerreggiare alla corte di Artú era pressoché impossibile. Pensammo di passare il reame ad altri ma nessuno era degno di questo scettro e un giorno, *indossati i panni di Paolo e Francesca, ci lasciammo rapire dalla barriera del suono.*

*6 maggio 1985*

un souverain attentif à l'évolution des stratégies de guerre. J'avais pour seul compagnon le téléphone et le mur implacable qui se trouvait face au lit. Je me sentais entourée de fleurs, car Michele avait fait de moi sa muse. Pour passer le temps, j'ai compté le nombre de prétendants[6] qui pouvaient s'asseoir à la table mais je n'y trouvais pas mon compte. J'ai donc grandi dans un amphithéâtre romain et, même si j'étais déjà grande, je suis redevenue une enfant parce que cette maison était immense et spectaculaire.

Les sentiments étaient multiples et bien répartis entre les différents paladins du roi Arthur, il y avait aussi les prétendants au trône et, moi, j'étais la reine indésirable de tant de profusion émotionnelle. Néanmoins, je portais mes vêtements de silence royal et j'essayais de n'apitoyer personne sur mon exil. Mais la table ronde manquait d'interlocuteurs érudits. L'épreuve était simple, la chevauchée était ardue, ainsi nous nous sommes limités à donner l'exemple de la paix, même celle-ci n'est pas venue, puisque la paix survient après un soulèvement guerrier, et faire la guerre à la cour d'Arthur était presque impossible. Nous pensions transmettre le royaume à d'autres mais personne n'était digne de ce sceptre et, un jour, *en nous mettant dans la peau de Paolo et de Francesca, nous nous sommes laissé ravir par le mur du son*[7].

*6 mai 1985*

# A Taranto

Imperversava in me un gelido vento di inverno come se le cose tutte dovessero essere disumane e scoscese e sapendo interiormente di poggiare il gomito sull'omero della Morte ero cosí circonvoluta, assente, distonica che avrei potuto benissimo fungere da cartella clinica. Ma vedendo invece le mie interne reazioni e il mio futuro da buona veggente quale ero, sentivo che gradualmente mi sarebbe stato impossibile salvarmi da questo quotidiano assaggio di morte e mi sopravveniva l'incerto della mia casa, dove tutto fungeva da cosa che portasse alla poesia dalla musica, dall'intoppo delle visite piú eterogenee al mio interno smarrimento alle tante ore spese su di un letto di un unico posto messo lí senza la preveggenza di un futuro. Avevo conosciuto l'amore in tarda età, direi finalmente a chiusura di tutta una vita sbagliata e di questo amore mi ero fatta quasi un mantello funebre chiudendomi in un rifiuto perenne. Era stato un amore convulso e cosí amaro con me, il calice del Cristo in cui avevo bevuto della passione terrena ma ogni passione prevede poi la lapidazione e quindi la deposizione agli Inferi, per questo ancora mi dolevo di quel massacro, di quel funebre orrore e di quelle luci tremende che avevano giocato nei nostri abbracci ed era stato un uomo immerso nella sua umanità, solo ed unico e presente a sollevare tutto quel fuoco, a permearlo di luce e di strategie e di cose stupende.

# À Tarente

Un vent froid d'hiver soufflait rageusement en moi comme si tout devait être inhumain et abrupt, et en sachant intérieurement que je posais mon coude sur l'épaule de la Mort, j'étais tellement embrouillée, absente, contractée que j'aurais facilement pu intégrer un dossier médical. Mais en prenant conscience de mes réactions internes et de mon avenir puisque j'étais une bonne voyante, je sentais qu'il me serait peu à peu impossible de me sauver de cet avant-goût quotidien de mort et s'emparait de moi l'incertitude de mon foyer, où tout servait à apporter de la poésie à la musique, du contretemps des visites les plus hétéroclites à mon désarroi intérieur jusqu'aux nombreuses heures passées sur un lit dans un seul endroit établi là sans avenir possible. J'avais connu l'amour tard dans la vie, je dirais finalement au terme d'une vie pleine d'erreurs et de cet amour je m'étais presque fait un manteau funéraire, en m'enfermant dans un rejet perpétuel. Ce fut pour moi un amour convulsif et tellement amer, la coupe du Christ dans laquelle j'avais bu la passion terrestre, mais toute passion implique la lapidation puis la descente aux Enfers, c'est pourquoi je déplorais toujours ce massacre, cette horreur funèbre et ces terribles lumières qui avaient joué dans nos étreintes et c'était un homme empli d'humanité, seul, unique et capable d'allumer tout ce feu, à le remplir de lumière, de stratégies et de choses merveilleuses.

Io e un uomo che avrebbe anche potuto non avere un nome preciso, che io avrei chiamato con l'appellativo di *sempre*.

Il mio medico *sempre* mi diceva che avrei dovuto vivere in altri tempi, cosí sentimentale, cosí estranea a tutti gli interessi presenti. Io l'ascoltavo senza capire, volevo ad ogni modo innestare la prima pianta in un terreno cosí categorico come era quello presente e allora facevo di tutto per adeguarmi al mio io cercando di evitare gli altri e le altrui vicende e ciò non era compatibile con il mio carattere, ma altri riuscivano cosí bene a barattare le carte dell'uomo, a barattarne le vesti, i connotati, i privilegi ed io ero cosí impreparata alla furbizia di tutti i farisei. Non a caso ho adoperato certe metafore che indicano i passi della Bibbia perché tutto lí era drammaticamente disonesto, come disonesti sono stati i miei consiglieri e infine i miei boia.

Mi ammalavo con una facilità estrema. Malgrado sembrassi forte e robusta ero invece inceppata nelle mille latebre fisiologiche che presiedono a tutte le malattie possibili ma di solito erano le malattie dell'anima a determinare queste mie strane decadenze, ero debole, rarefatta, imprecisa, la mia malattia era anche un lungo riposo sentimentale, e non osavo quasi riemergerne per non affaticarmi nel vivere. Mi compiacevo guardando il ritratto della Duse con quegli occhi cerchiati, sintomi di malattia terrena che traeva origine dagli dei, quella labbra smemorate, quell'affresco vivo sulle gote scavate, la sua indomabile passione resa ad invogliare gli uomini cosí bene che nessun artifizio pittorico avrebbe potuto farlo, guardando me stessa che ero invece cosí florida, e che parevo pronta ad affrontare qualsiasi vertigine della terra. Questo non era vero : se felino era il mio balzo, altrettanto rovinose erano le mie cadute senonché non c'era un Gabriele a

Moi avec un homme qui aurait pu ne pas avoir de nom précis, et que j'aurais appelé par ce nom : *toujours*.

Mon médecin *toujours* m'a dit que j'aurais dû vivre à une autre époque, puisque je suis tellement sentimentale et tellement étrangère à tous les intérêts actuels. Je l'écoutais sans comprendre, je voulais à tout prix planter la première graine dans une terre aussi indubitable que celle que je rencontrais et donc j'ai tout fait pour suivre mon *ego* en essayant d'éviter les autres et les affaires des autres, mais ce n'était pas compatible avec mon caractère, alors que d'autres ont si bien réussi à échanger les cartes de l'homme, à échanger les vêtements, les caractéristiques, les privilèges et moi j'étais si mal préparée aux fourberies de tous les Pharisiens. Ce n'est pas un hasard si j'ai utilisé certaines métaphores qui désignent des passages de la Bible car tout y était dramatiquement malhonnête, tout comme étaient malhonnêtes mes conseillers et enfin mes bourreaux.

Je tombais malade extrêmement facilement. Même si j'avais l'air forte et robuste, j'étais au contraire paralysée face aux mille profondeurs physiologiques qui régissent toutes les maladies possibles, mais la plupart du temps c'étaient les maladies de l'âme qui déterminaient mes étranges déclins, je respirais mal, j'étais faible, négligée, ma maladie était aussi un long repos sentimental, et je n'osais presque pas en sortir pour ne pas me fatiguer de vivre. Je prenais plaisir à regarder le portrait de la Duse[8] avec ces yeux cernés, symptômes d'un mal terrestre qui avait son origine dans les dieux, ces lèvres oublieuses, cette fresque vivante sur les joues creuses, son indomptable passion faite pour séduire si bien les hommes, comme aucune peinture n'aurait pu le faire, en me regardant moi-même qui, au contraire, était si charnue et qui semblait prête à affronter tout vertige terrestre. Ce n'était pas vrai : si mon saut était félin, mes chutes étaient tout aussi désastreuses, sauf qu'il n'y avait pas de Gabriele[9] pour me sauver,

Salvarmi ma solo immodeste immagini e l'unica calda presenza della mia poesia.

La Poesia rimaneva comunque il mio perenne contagio e alzandomi al mattino e non trovando altro interesse nella vita mi appoggiavo al canto come sopra una cariatide onerosa che potesse reggermi tutta, ma capivo anche l'artificio di una fotografia che avrebbe potuto nascere da questa positura. Questo cappio dell'impiccagione come lo chiamò Spagnoletti io lo chiamo atteggiamento patologico che ben canta in versi *idiozia illuminata*, sicché essere idiota facente carmi equivaleva ad essere uguale a un fucile caricato a salve che non avrebbe fatto vittima alcuna. Dunque la poesia era l'unica cosa che mi metteva alla gogna, che da ultimo mi avrebbe sconfitta. Non era certamente mia alleata ma si lasciava portare dalle mie spalle ed io ero la corda sottesa, la magniloquenza, l'insieme di muscoli, cervelli, stagioni promesse di amore che poteva benissimo portare in cima questo orpello cosí tremendo che dava dentro la paranoia.

Alda Merini
Taranto, 21 settembre 1984

mais seulement des images impudiques et la seule présence chaleureuse de ma poésie.

La Poésie demeurait cependant ma source de contamination perpétuelle et, me levant le matin et ne trouvant aucun autre intérêt dans la vie, je m'appuyais sur le chant comme sur une cariatide pesante susceptible de me soutenir entièrement, mais je percevais aussi l'artifice de l'image qui aurait pu naître de cette position. Ce nœud coulant, comme Spagnoletti[10] l'appelait, moi je l'appelle attitude pathologique, consistant à bien chanter en vers des *idioties illuminées*, de sorte qu'être une idiote qui fait des poèmes équivaut à être semblable à un fusil chargé de balles à blanc qui ne ferait aucune victime. La poésie était donc la seule chose qui me clouait au pilori, qui finissait par me vaincre. Elle n'était certes pas mon alliée mais elle se laissait porter sur mes épaules et j'étais la ficelle sous-jacente, la magnificence, l'ensemble des muscles, des cerveaux, des saisons promises de l'amour sachant très bien attiser cette terrible vanité qui accroît la paranoïa.

Alda Merini
Tarente, le 21 septembre 1984

# Il nonno

*A Oreste Macrì*

Come mi piacciono a Milano quei porticcioli angusti, quelle case libere e pine di grucce aperte a tutti i fuochi fatui dell'aria. Come mi piacciono i poveri che scorrono ondeggianti ora a destra ora a manca del Naviglio in un susseguirsi di volti ilari, a volte inebriati dal vino! Come mi piacciono la Conca e la Darsena e tutto il resto! Lungo la Darsena appunto conobbi «il nonno»: era egli un vecchietto arzillo che pareva quasi supino dentro la propria bontà. Come mi piacciono i poveri che supino dentro la propria bontà. Piccolo, rotondetto, con due occhi attentissimi e furbi, mi aveva visto ciondolare lungo le vetrine del «Basso in cerca di qualche gingillo». «Se vuoi te lo posso comprare io», mi disse un giorno con l'aria del dongiovanni. «E sia !» gli risposi subito e capii che quell'uomo non eça sfuggito alla mia furbizia e alla mia perspicacia. Il nonno mi portò a casa sua e da allora ogni pomeriggio mi offriva una tazza di caffè d'orzo. Mi parlava della grande guerra, dei suoi due figli importanti e cosí distanti da lui, povero vecchio, e parlando alzava e gettava grandi manate sulle ginocchia o giungeva le mani gridando «Miracolo di Dio» quando parlava di sua moglie. Col tempo imparai a volergli bene ma non misi mano né ordine nella sua casetta, che in fondo mi pareva tanto pura e piena di coraggio: il nonno non voleva che nessuno alterasse le sue

# Le grand-père

*À Oreste Macrì,*

Comme j'aime ces ports étroits de Milan, ces maisons vides et pleines de cintres, ouvertes à tous les feux follets de l'air. Comme j'aime les pauvres gens qui ondulent tantôt à droite, tantôt à gauche du Naviglio[11] : une succession de visages joyeux, parfois enivrés de vin ! Comme j'aime la Conca et la Darsena[12], et tout le reste ! Le long de la Darsena, j'ai rencontré « le grand-père » : c'était un vieil homme guilleret qui semblait presque endormi dans sa bonté. Comme j'aime les pauvres qui s'adossent sur leur propre bonté. Petit, rond, avec deux yeux très attentifs et rusés, il m'avait vu flâner devant les vitrines de « Basso à la recherche d'un bibelot ». « Si tu veux, je peux te l'acheter », me dit-il un jour à la manière de Don Giovanni. « Soit ! » répondis-je aussitôt et je compris que l'homme n'avait pas été dupe de ma ruse et de ma perspicacité. Le grand-père m'a emmenée chez lui et depuis, chaque après-midi, il m'a offert une tasse de café d'orge. Il m'a parlé de la Grande Guerre, de ses deux fils si importants et si loin de lui, pauvre vieillard, et tout en parlant, il levait et jetait de grands poings sur ses genoux ou joignait les mains en criant : « Miracle de Dieu » quand il parlait de sa femme. Au fil du temps, j'ai appris à bien l'aimer mais je n'ai pas levé le petit doigt pour ranger sa petite maison qui me semblait dans le fond si pure et pleine de courage : le grand-père

abitudini. Spesso andava dal fioraio e mi regalava mazzi enormi di orchidee «Ma sei cosí ricco», dicevo io tentandolo, «No, non sono ricco ma sono solo, che vuoi!» Il nonno era innamorato di me e lo capivo e questo mi faceva pena. «Che vuoi!» mi diceva a volte, « Io e mia moglie si desiderava una figlia e tu, tu ecco potevi essere il nostro modello».

Sí, mi faceva pena ma aveva anche tanta gagliardia, tanto orgoglio nel cuore : « Sai » mi diceva spesso « Mia moglie era cecoslovacca, tutti qui la osteggiavano, io solo la difendevo e difenderei anche te». Gli rispondevo dolcemente che avevo mio marito. «Si fa per dire » proseguiva il vecchio. Spirava in quella casa tanta aria di serenità, dolcezza e di spezie nascoste nel buffet, che era un piacere l'entrarvi. Fuori c'era una specie di piccola aia dove tre galline pigolavano invano. «Sono mie» diceva il nonno, «Tutto il vicinato me le invidia». A volte comparivo nella sua casa alle quattro del pomeriggio e lo trovavo semisepolto nella sua enorme poltrona che fumava il suo kalumè e andava girando per l'aria quei suoi occhi immensi pieni di ricordi: « Vieni vieni» diceva subito. Io mi accoccolavo sulle sue ginocchia. Un giorno mi disse «Tu scrivi vero?» «Sí» «Beh, allora ti do un consiglio: butta quella cartaccia che non ti darà mai né pane né felicità». Sante parole! Ma io non gli diedi retta.

Lo seguii cosí per sette anni, ci volemmo scambievolmente bene, spesso prendevamo insieme il tè, la mattina o il pomeriggio, ma un giorno desolato aprendo la sua piccola porta che cigolava sui cardini non udii il suo respiro profondo. Il nonno stava in poltrona col capo reclinato, la pipa finalmente spenta.

*ottobre 1986*

ne voulait pas que l'on modifie ses habitudes. Il allait souvent chez le fleuriste et m'offrait d'énormes bouquets d'orchidées. « Mais tu es tellement riche », lui dis-je pour le tenter, « Non, je ne suis pas riche mais je suis seul, que veux-tu ? » Le grand-père était amoureux de moi et je le comprenais et j'en avais pitié. « Que veux-tu ! » me disait-il parfois. « Ma femme et moi voulions une fille et toi, tu aurais pu être notre modèle. »

Oui, j'avais pitié de lui mais il avait aussi beaucoup de force, beaucoup de fierté dans son cœur : « Tu sais, me disait-il souvent, ma femme était tchécoslovaque, tout le monde ici l'attaquait, moi seul je la défendais et je te défendrais aussi. » Je lui répondis gentiment que j'avais mon mari. « Pour ainsi dire », continua le vieil homme. Dans cette maison soufflait un air de sérénité, de douceur et d'épices cachées dans le buffet, c'était un plaisir d'y entrer. Dehors il y avait une sorte de petit poulailler où trois poules caquetaient en vain. « Elles sont à moi », disait le grand-père, « tout le quartier me les envie. » Parfois, j'arrivais chez lui à quatre heures de l'après-midi et je le trouvais à moitié enfoui dans son énorme fauteuil, fumant son calumet et roulant dans l'air ses immenses yeux pleins de souvenirs : « Viens, viens », me disait-il aussitôt. Je m'accroupissais sur ses genoux. Un jour, il m'a dit : « Tu écris, n'est-ce pas ? » « Oui. » « Eh bien, alors je vais te donner un conseil : jette ces vieux papiers qui ne te donneront jamais de pain ni de bonheur. » Saintes paroles ! Mais je ne l'ai pas écouté.

Je l'ai accompagné ainsi pendant sept ans, nous nous aimions bien, nous prenions souvent le thé ensemble, le matin ou l'après-midi, mais un jour triste où j'ai ouvert sa petite porte qui grinçait sur ses gonds je n'ai pas entendu sa respiration profonde. Le grand-père était assis dans un fauteuil, la tête baissée, sa pipe enfin éteinte.

*octobre 1986*

# Charles

Charles faceva il ladro, lo sapevano tutti in Porta e non era nemmeno tanto audace ma un giorno, audacissimo giorno, Charles osò avvicinarmi e mi disse « Se lei permette... » Lo guardai attentamente, la sua storia la conoscevo bene « Ma come osa? » risposi io, « Perché? », disse tranquillamente Charles. Non sapevo cosa rispondergli, mi pareva cosí impudente e lo lasciai lí sul marciapiedi col suo mazzo di fiori in mano. Che tipo, borbottavo tra me, guarda cosa mi va a capitare. Invece Charles mi seguí e mi raggiunse: « Lei mi piace » mi gridò alle spalle. « E lei no » gli gridai inviperita. Allora Charles con una mossa rapida buttò il suo bouquet per terra, mi serrò rapido le spalle e mi baciò sulla bocca. Tutti rimasero a bocca aperta, che si sa, sulla Ripa sono molto curiosi. L'unica a chiuderla fui io.

Alda Merini

# Charles[13]

Charles était voleur, tout le monde à Porta[14] le savait et il n'était même pas si audacieux, mais un jour, un jour très audacieux, Charles a osé s'approcher de moi et m'a dit : « Si vous permettez… » Je l'ai regardé attentivement, je connaissais bien son histoire. « Mais comment osez-vous ? » ai-je répondu. « Pourquoi ? » a demandé Charles calmement. Je ne savais pas quoi lui dire, il avait l'air si impudent et je l'ai laissé là, sur le trottoir, avec son bouquet de fleurs à la main. Quel type, me suis-je murmuré, regarde ce qui m'arrive. Au lieu de cela, Charles m'a suivie et m'a rattrapée : « Je vous aime bien », a-t-il crié derrière moi. « Et moi non », lui ai-je crié avec colère. Puis Charles, d'un geste rapide, a jeté son bouquet par terre, a serré rapidement mes épaules et m'a embrassée sur les lèvres. Tout le monde était bouche bée ; comme nous le savons tous, ils sont très curieux à la Ripa[15]. La seule à la fermer, c'était moi.

Alda Merini

# Appendice

## *Due lettere d'amore e una d'amicizia*

## Deux lettres d'amour et une d'amitié

Caro Pierri,

la tua lettera che ho ricevuto questa mattina è bellissima come tutte le altre. Grazie caro e gentile amico, quanta gioia provo io quando trovo un tuo scritto nella casella, non è il solito depliant dei concorsi ma sono parole calde di una persona che ti ama; perché io so che mi vuoi bene e questo mi è di grande conforto.

Anche stamattina ho avuto la notizia che mio marito tornerà dall'ospedale forse tra dieci giorni e non si sa con quale verdetto. Mi sono subito accasciata, ma poi mi sono detta che Dio sa quello che fa e che dà a tutti la forza necessaria. L'essenziale è che Dio mi soccorra con la salute.

Le gonne putride di cui tu parli e che hai cosí abilmente traslato sono state veramente la morte della nostra femminilità e io in questo insisto. Ho messo fuori in questi giorni il *Manifesto dell'ammalato,* una cosa molto bella e illustrata dall'amico Tiresio in cui illustro la necessità che il malato di mente venga amato e sollecitato a vivere. Ecco, caro amico mio, le ultime notizie. Ti ho scritto anche due lettere d'amore, pensa Pierri che un pomeriggio ti ho amato e forse perché proprio il mio sesso-ragione era stanco di vivere, soffocato nella miseria della solitudine, ho provato a pensarti come il mio innamorato e ho raggiunto le vette della felicità. Io credo Pierri che l'amore sia una parte cosí importante

Cher Pierri,

ta lettre, que j'ai reçue ce matin, est très belle comme toutes les autres. Merci cher et aimable ami, quelle joie je ressens lorsque je trouve un de tes écrits dans la boîte aux lettres, ce n'est pas le dépliant habituel d'un concours quelconque mais ce sont les mots chaleureux d'une personne qui m'aime ; parce que je sais que tu me veux du bien et c'est un grand réconfort pour moi.

Ce matin également, j'ai appris que mon mari reviendrait de l'hôpital dans dix jours peut-être et personne ne sait avec quel verdict. Je me suis immédiatement effondrée, mais ensuite j'ai pensé que Dieu sait ce qu'il fait et qu'il donne à chacun la force nécessaire. L'essentiel est que Dieu m'aide pour la santé.

Les jupes putrides dont tu parles et que tu as si habilement emportées ont véritablement constitué la mort de notre féminité et j'insiste là-dessus. Ces derniers jours, j'ai publié le *Manifeste du malade*, une très belle chose illustrée par mon ami Tiresio, dans lequel j'exprime la nécessité pour les malades mentaux d'être aimés et encouragés à vivre. Voici, mon cher ami, pour les dernières nouvelles. Je t'ai aussi écrit deux lettres d'amour, figure-toi, Pierri, qu'un après-midi je t'ai aimé, et peut-être parce que mon sexe-raison était fatigué de vivre, étouffé dans la misère de la solitude, je me suis mise à penser à toi comme à mon amant

della nostra vita, che sia in fondo la colonna vertebrale dell'anima, che senza amore noi non possiamo e non vogliamo vivere (ho sul giradischi un bellissimo brano di Mina che mi fa venire le lacrime agli occhi perché passo le mie giornate lavorando, scrivendo, ascoltando musica e rimango rintanata nella mia magione che è un po' la mia fortezza).

Caro amico, Dio ti benedica per il bene che mi dài, le mie poesie sono poca cosa a confronto con l'empito d'amore che mi pervade, io sono tutta piena di amore e di una devozione infinita verso il cosmo che mi ospita, piccola particella primordiale che però può dare vita a innumerevoli creazioni. Perdonami se ti ho scritto due poesie d'amore, pensa che te le abbia scritte la tua Aminta, sai Pierri, siamo esseri umani con tutte le loro debolezze e perciò dobbiamo essere perdonati. Per ciò che riguarda la mia situazione attualmente cosí precaria, caro Pierri, torno a dirti che non so proprio a chi rivolgermi.

Spagnoletti mi aveva parlato di una certa cassa per artisti gestita da Maria Luisa Spaziani ma poi non ne ho saputo piú nulla. Ecco Pierri, tu hai amato tanto tua moglie e sai quanto io possa amare mio marito, perciò non esito a chiedere anche la carità pur di salvarlo, è colui che mi ha dato quattro figliole meravigliose e se anche ha sbagliato nei miei confronti perché non dovrei io perdonarlo, quando Cristo stesso ci perdona quotidianamente tutti?

Ora ti saluto

Abbiti il mio costante ricordo e mille mille cari saluti da Alda ed Ettore (Ettore, Elena e Achille farebbero insieme la guerra di Troia, non ti pare?) Ciao, amico carissimo.

Alda Merini

*1981*

et j'ai atteint les sommets de la félicité. Je crois Pierri que l'amour est une part si importante de nos vies qu'il est en fin de compte l'épine dorsale de l'âme, que sans amour nous ne pouvons et ne voulons pas vivre (il y a une belle chanson de Mina[1] sur mon tourne-disque qui me fait venir les larmes aux yeux car je passe mes journées à travailler, à écrire, à écouter de la musique et je reste enfermée dans mon manoir qui est un peu ma forteresse).

Cher ami, que Dieu te bénisse pour le bien que tu me donnes, mes poèmes ne sont rien comparés à l'élan d'amour qui m'envahit, je suis toute pleine d'amour et de dévotion infinie envers le cosmos qui m'héberge, petite particule primitive qui pourtant peut donner vie à d'innombrables créations. Pardonne-moi si je t'ai écrit deux poèmes d'amour, pense que ton Aminta[2] te les a écrits, tu sais Pierri, nous sommes des êtres humains avec toutes leurs faiblesses et donc il faut nous pardonner. Concernant ma situation actuelle très précaire, cher Pierri, je te le répète, je ne sais vraiment pas vers qui me tourner.

Spagnoletti m'avait parlé d'un certain fonds pour artistes géré par Maria Luisa Spaziani[3], mais je n'ai plus eu de nouvelles. Voilà Pierri, tu as tellement aimé ta femme et tu sais combien je peux aimer mon mari, alors je n'hésite pas à demander la charité pour le sauver, c'est lui qui m'a donné quatre merveilleuses filles et même s'il s'est montré mauvais envers moi, pourquoi ne devrais-je pas lui pardonner, alors que le Christ lui-même nous pardonne à tous, chaque jour ?

Maintenant je te dis au revoir

Je t'envoie mon souvenir constant et mille chères salutations d'Alda et d'Ettore (Hector, Hélène et Achille pourraient bien mener ensemble la guerre de Troie, n'est-ce pas ?). Au revoir, très cher ami.

Alda Merini

*1981*

Caro Pierri, ti scrivo subito dopo la tua telefonata, cosí cara e cosí anche piena di angoscia umana la mia riposta, semplice, un po' melanconica per quello che potrebbe essere per entrambi e non è, ma là dove finisce l'essere umano, dove cessa di esistere, caro Pierri, interviene la luce, interviene la verità e l'eternità: a questo io e te dobbiamo credere, noi oramai conosciamo la morte e i suoi segreti sotterfugi, e come ci divori giorno per giorno per farci suoi, ma questo non ci deve spaventare, Pierri, noi siamo già, dal momento della nascita, la preda preferita di questa ambigua meretrice e se ci rapisce una persona cara non lo fa se non per prepararci al sacrificio violento della *nostra morte*, ma né tu né io morremo perché lasceremo un messaggio, un messaggio di amore che altri raccoglierà forse con la dovuta devozione, un messaggio di carità che forse potrà ancora colpire il cuore dei nostri giovani cosí disorientati, perciò scrivi, tu puoi parlare e hai il dovere di farlo, anche nella tua maturità, anzi quanto piú dolce è il grappolo totalmente maturato dal sole!

A Dio caro amico, buon Natale e che gli angeli tutti nella Santa notte possano vegliare su di te, perché anche tu come me sei venuto al mondo con un messaggio messianico, e il Natale è tipico dei poeti.

La tua Alda Merini

Cher Pierri, je t'écris immédiatement après ton appel téléphonique, tellement touchant et tellement criant d'angoisse humaine, ma réponse est simple, un peu mélancolique concernant ce qui pourrait être notre avenir à tous les deux et qui ne l'est pas, mais là où l'être humain finit, là où il cesse d'exister, cher Pierri, la lumière intervient, la vérité et l'éternité interviennent : toi et moi nous devons le croire, nous connaissons désormais la mort et ses subterfuges secrets, et la manière dont elle nous dévore jour après jour pour nous emporter, mais ça ne doit pas nous effrayer, Pierri, nous sommes déjà, dès la naissance, la proie favorite de cette prostituée ambiguë et si elle ravit une personne proche de nous, elle ne le fait que pour nous préparer au violent sacrifice de notre mort, mais ni toi ni moi nous n'allons mourir parce que nous allons laisser un message, un message d'amour que d'autres vont peut-être reprendre avec le dévouement qui leur est dû, un message de charité qui pourra peut-être encore frapper le cœur de nos jeunes gens qui sont tellement désorientés, alors écris, tu peux parler et tu as le devoir de le faire, même dans ta maturité, en effet combien plus douce est la grappe complètement mûrie par le soleil ! Adieu cher ami, joyeux Noël et que tous les anges veillent sur toi dans la Nuit sainte, parce que toi aussi, comme moi, tu es venu au monde avec un message messianique, et Noël appartient aux poètes.

Ton Alda Merini

Caro Oreste Macrì,

il tuo assegno mi ha scosso al punto che ho dovuto piangere, davvero Oreste Macrì io non me sento degna di tanta generosità e permettimi non appena avrò risolto i miei problemi di renderti questo importo. Generoso e caro Oreste, per un attimo mi sono sentita un po' come una ladra, sapevo che mi avresti aiutato ma la cifra è grossa, non ho mai visto tanto in vita mia. Grazie amico buono, devoto, sincero, che Dio ti rimeriti e ti voglio dire qualcosa di bello. Giorgio Manganelli comprerà il *Diario di una diversa* ed io diventerò importante, importantissima. O caro Oreste, io che sono profondamente cristiana, che vivo la mia fede in estrema povertà e rassegnazione, che credo col mio amore di salvare mio marito non merito certo tanto. Ti ringrazio dal profondo del cuore e ti aggiungo ancora una mia rima, un grazie per il mio Oreste Macrì.
Conosci tu l'amore che mi lega a Michele Pierri, sai io ci vivo, ci vivo come in una bella giornata di sole e anche Pierri mi ama profondamente, è la fusione di due anime ardite che guardano verso il cielo. Addio Oreste, ti renderò presto il tutto. Grazie.

Alda Merini

Cher Oreste Macrì,

ton chèque m'a bouleversée à tel point que j'ai dû pleurer, c'est vrai Oreste Macrì, je ne me sens pas digne de tant de générosité, et permets-moi, dès que j'aurai trouvé la solution à mes problèmes, de te restituer cette somme. Cher et généreux Oreste, un instant je me suis sentie un peu voleuse, je savais que tu m'aiderais mais la somme est énorme, je n'ai jamais vu autant d'argent de ma vie. Merci mon bon, dévoué et sincère ami, que Dieu te récompense et je veux te dire quelque chose de beau. Giorgio Manganelli va acheter le *Journal d'une étrangère* et je deviendrai importante, très importante. Ô cher Oreste, moi qui suis profondément chrétienne, qui vis ma foi dans une extrême pauvreté et une extrême résignation, qui crois que mon amour peut sauver mon mari, je ne mérite certainement pas grand-chose. Je te remercie du fond du cœur et j'ajoute encore en guise de rime un merci pour mon Oreste Macrì. L'amour qui me lie à Michele Pierri, tu sais que je vis là, j'y vis comme par une belle journée ensoleillée et Pierri m'aime aussi profondément, c'est la fusion de deux âmes ardentes regardant vers le ciel. Adieu Oreste, je te rendrai bientôt tout. Merci.

Alda Merini

Pierri ed io tentiamo disperatamente di salvare una vita. Dio ti benedica.
Grazie.
Con questi soldi potrò portare a casa mia mio marito qualche giorno.
Grazie.
grazie grazie grazie grazie grazie grazie.

*21 dicembre 1982*

Pierri et moi essayons désespérément de sauver une vie. Que Dieu te bénisse.

Merci.

Avec cet argent, je pourrai ramener mon mari à la maison pendant quelques jours.

Merci.

merci merci merci merci merci.

*21 décembre 1982*

# Notes

**Les épiphanies d'Alda Merini, préface de Gabriel Dufay**

1. Alda Merini, *L'Autre Vérité. Journal d'une étrangère*, traduit de l'italien par Franck Merger, Éditions de la revue *Conférence*, 2010.
2. *Ibid.*
3. Alda Merini, *Superba è la notte*, Einaudi, 2000 (traduction libre).
4. Page 57.
5. Annie Le Brun, *Du trop de réalité*, Gallimard, 2004
6. « Albertina », page 165.
7. « Une incroyable compensation », page 175.
8. « Aucune lutte, aucun changement », page 141.
9. Alda Merini, *Aphorismes et grigris*, Éditions cassis belli, 2020
10. *Ibid.*
11. *Ibid.*
12. Alda Merini, *La Terra Santa*, Scheiwiller, Milan, 1984
13. Alda Merini, *La Folle de la porte d'à côté*, Arfuyen, Collection Les Vies imaginaires, 2020
14. « La maladie », page 139.
15. Alda Merini, *Aphorismes et grigris*, *ibid.*
16. Brigitte Fontaine, « Le Beau Cancer » (Brigitte Fontaine / Olivier Bloch-Lainé), sur l'album *Brigitte Fontaine est... folle !,* Éditions musicales Saravah, 1968.
17. Cristina Campo, *Les Impardonnables*, L'Arpenteur / Gallimard, 1992

**Canzoniere di Sylvia 1986 / Canzoniere de Sylvia 1986**

1. Œuvre datée du 4 octobre 1986. Le titre est probablement une double référence à Pétrarque et à Sylvia Plath, à laquelle Alda Merini rend hommage dans un des portraits du recueil *La gazza ladra. Venti rittrati*, inclus dans *Vuoto d'amore*, éd. par Maria Corti, Einaudi, 1991 (« Plath », p. 14).

2. Zita, personnage qu'a croisé Alda à l'hôpital psychiatrique et qu'elle évoque, sous l'initiale Z. dans son ouvrage *L'Autre Vérité. Journal d'une étrangère* (*op. cit.*).

3. Grand poète lyrique grec du V$^e$ siècle avant Jésus-Christ, dont la figure revient souvent dans l'œuvre d'Alda Merini. Anacréon s'est consacré essentiellement à la poésie amoureuse et à la poésie de banquet.

4. Ce poème est dédié à Emanuela Carniti, première fille d'Alda Merini et Ettore Carniti. Elle a travaillé comme infirmière psychiatrique et a consacré un livre à sa mère et sa folie : *Alda Merini, mia madre*, Manni, 2019.

5. Ce poème est dédié à Eva Zaccaria, la domestique qui travaillait chez Michele Pierri.

6. Alda Merini emprunte cette image à Salvatore Quasimodo traduisant le poète Anacréon (auquel elle a aussi dédié un poème) : « Me lançant à nouveau un ballon rouge, / Éros à la chevelure d'or m'invite à jouer / avec une jeune fille aux sandales brodées. » (Traduction libre d'après « La Fanciulla di Lesbo » d'Anacréon, traduit par Quasimodo dans *Lirici Greci*, Mondadori, Milano, 2018).

7. *Pucci d'oro* – « sucre d'orge » pourrait être une traduction française – était le diminutif donné à Giuseppe Pierri, l'un des fils de Michele Pierri. Merini avait écrit à Giuseppe, qu'elle considère ici comme son propre fils, plusieurs lettres et poèmes.

8. Angelina pourrait être la fille d'Eva Zaccaria, la domestique de la famille Pierri.

9. Cette traduction est incertaine et le texte original demeure obscur. *Fare la ricotta* peut signifier « se faire entretenir par une prostituée » dans le parler populaire italien. C'est ce sens-là qui nous a semblé le plus cohérent.

10. On n'est pas certain du mot écrit dans le manuscrit original, *trovatore*, qui pourrait aussi bien être *creatore* (« créateur »).

### *Amor che mise* / **Amour qui a porté**

1. Poème écrit en hendécasyllabes, comme *La Divine Comédie* de Dante. Allusion directe au chant V de *L'Enfer*, vers 100-102, ici traduit par Jacqueline Risset : « Amour, qui s'apprend vite au noble cœur, / prit celui-ci de la belle personne / que j'étais ; et la manière me touche encore. / Amour, qui force tout aimé à aimer en retour / me prit si fort de la douleur de celui-ci / que, comme tu vois, il ne me laisse pas. »

### *Storia di amore mia e di Pierri* / **L'histoire d'amour de Pierri et moi**

1. Dans l'édition italienne, le nom Francesco a été gardé bien que l'éditeur ait un doute. Il s'agirait probablement de Paolo Malatesta, personnage de *La Divine Comédie* de Dante (chant V, *Enfer*), lié à Francesca de Rimini. Francesca et Paolo ont une relation amoureuse qui lie profondément l'amour à la parole.

### *Il libro di Cosimo* / **Le livre de Cosimo**

1. Recueil datant de juillet 1987. Cosimo Damiano Damato est un poète, drama-turge, réalisateur et ami d'Alda Merini, avec qui elle a écrit un livre intitulé *Fate l'amore* (Compagnia editoriale Aliberti). En voici un extrait révélateur (traduction libre) : « C'est la poésie qui nous sauve. Laissez-vous traverser par Alda, laissez son rouge à lèvres déborder sur votre bouche. N'ayez pas honte de la poésie. Cherchez ces vers manquants à votre vie. Cherchez ces vers sur l'arbre que vous avez planté ou dans une feuille rouge avant qu'elle meure. Cherchez ces vers manquants dans un livre trouvé à trois francs six sous dans une bouquinerie de la nostalgie. Cherchez ces vers dans une nuit de veille à cause de celui qui est parti sans préavis, dans une lettre écrite à la main issue de la guerre. La poésie, comme les rêves, provient toujours de la mer, avec des vents contraires. Cherchez ces vers manquants et faites l'amour. »

2. Ce poème, assez crypté, fait sans doute allusion aux séjours d'Alda Merini dans les hôpitaux psychiatriques et aux visions d'horreur qu'elle a connues. À ce sujet, on peut se reporter à son livre *L'Autre Vérité. Journal d'une étrangère* et à son recueil de poésie *La Terra Santa*.

3. Maria Pia Quintavalla est une poétesse et une écrivaine qui a dirigé une anthologie, *Donne in poesia* (Campanotto editore, 1992), dans laquelle on retrouve Alda Merini.

4. *En français dans le texte*. Évidemment, ce poème fait allusion aux troubles psychiatriques dont a souffert Alda Merini.

5. Archytas de Tarente, philosophe pythagoricien, mathématicien, astronome, homme politique, stratège et général grec du Ve siècle avant Jésus-Christ.

6. Ce poème est particulièrement difficile à comprendre. Dans le manuscrit italien, les corrections rédigées au crayon à papier sont presque toutes indéchiffrables. Est-ce de l'enlèvement d'Alda dont il s'agit ou de celui de Michele ? La rançon et le fragment (le morceau de chair) sont probablement symboliques. On en est réduit à faire de nombreuses suppositions. Nous avons essayé de maintenir le sens ouvert dans la traduction.

7. Ettore Carniti, premier mari d'Alda Merini et père de ses enfants.

### *Confusione di stelle* / **Confusion des étoiles**

1. *L'Arbre – L'Albero –* était une revue fondée en 1948 par Girolamo Comi, Michele Pierri et Oreste Macrì, et que Macrì a dirigée à partir de 1970 avec Donato Valli.

2. Ettore Carniti, le premier mari d'Alda Merini (mort le 7 juillet 1983).

3. *Spoon River* est un recueil d'Edgar Lee Masters, poète américain. On retrouve, dans ce volume rassemblant des portraits de morts qui se parlent dans un cimetière, le personnage de Minerva Jones, la poétesse du village de Spoon River, « la risée des rustauds de la rue » qui a « soif d'amour et faim de vie ».

4. Premier poème d'un recueil dédié à Albertina Baldo, la femme d'Oreste Macrì.

5. Sans doute toujours Paolo Malatesta dans *La Divine Comédie* de Dante.

### *Poesia per Albertina* / **Poésie pour Albertina**

1. Albertina Macrì, née Baldo, fut l'épouse du critique littéraire Oreste Macrì.

### Prose

1. Texte un peu crypté et très autobiographique d'Alda qui évoque sa sortie de l'hôpital psychiatrique, sa rencontre avec Michele Pierri, poète et médecin, et leur liaison mouvementée à Tarente, dans la maison de Michele où Alda a habité.

2. Alda Merini parle ici de l'hôpital psychiatrique et de son séjour à Tarente, qui se situe à côté de la mer Ionienne.

3. Le Salento est la péninsule italienne qui forme l'extrémité sud-est de la région des Pouilles dans laquelle se trouve Tarente, là où vivait Michele Pierri et où l'a rejoint Alda Merini.

4. Amalasunta est une reine ostrogothique, née vers 495-500 à Ravenne et morte assassinée en 535 à Bolsena – étranglée dans son bain par ses ennemis.

5. En italien, le verbe utilisé est *disfiorare* qui possède plusieurs sens. Nous avons choisi de traduire par « effleurer » mais, étymologiquement, *disfiorare* veut aussi dire déflorer. Avec un sous-entendu qui peut être sexuel.

6. Allusion aux prétendants de Pénélope dans *L'Odyssée*.

7. De nouveau, une allusion à ce couple célèbre de *La Divine Comédie* de Dante. Paolo et Francesca sont tombés amoureux en lisant à haute voix un livre sur les amours de Lancelot et Guenièvre. Ainsi peut s'expliquer ce « mur du son ». Nous tombons amoureux parce que nous lisons des histoires d'amour, et Alda et Michele reproduisent l'exemple de Paolo et Francesca.

8. Eleonora Duse, célèbre et grande comédienne italienne qui a eu une relation amoureuse avec le poète et dramaturge Gabriele D'Annunzio.

9. Allusion au poète Gabriele D'Annunzio.

10. Giacinto Spagnoletti (né à Tarente le 8 février 1920 et mort à Rome le 15 juin 2003) est un écrivain, poète et critique littéraire italien. Il a collaboré avec le journal *Il Messaggero* et a beaucoup soutenu Alda Merini.

11. Le canal Naviglio passe par Milan, et I Navigli désigne un quartier populaire du sud-ouest de la ville dans lequel habitait Alda Merini.

12. Conca et Darsena sont des quartiers de Milan.

13. Charles était un peintre auquel Alda Merini a consacré un recueil de poèmes en 1982, *Poesie per Charles* (*Vuoto d'amore*, Einaudi). Ils eurent une brève relation. La poétesse le définissait comme « un clochard du Naviglio », « quelqu'un qui assommait les gens avec ses paroles inutiles et méchantes ».

14. Sans doute s'agit-il ici de la Porta Genova, dans le quartier des Navigli où est née Alda Merini.
15. La Ripa est un quartier de Milan.

## Appendice
### *Due lettere d'amore e una d'amicizia* / Deux lettres d'amour et une d'amitié

1. Mina, nom d'usage de Mina Anna Maria Mazzini, est une chanteuse italienne contemporaine, une des plus populaires depuis les années 1960.
2. Aminta Baffi, fille de l'historien Egidio Baffi, fut l'épouse de Michele Pierri. Elle était morte quand Pierri et Alda se sont rencontrés.
3. Maria Luisa Spaziani (née le 7 décembre 1922 à Turin et morte le 30 juin 2014 à Rome) est une poétesse, traductrice et écrivaine italienne. Très amie avec Eugenio Montale et Sandro Penna, elle a collaboré avec Alda Merini.

# Table

COMPOSITION ET MISE EN PAGES
NORD COMPO À VILLENEUVE-D'ASCQ

ACHEVÉ D'IMPRIMER EN FRANCE EN JANVIER 2025
PAR NORMANDIE ROTO IMPRESSION S.A.S.
61250 LONRAI
N° D'ÉDITION : S14811/01 – N° D'IMPRESSION : 2500135
*IMPRIMÉ EN FRANCE*